GARTEN
Träume

Lifestyle
premium
BUSSE SEEWALD

© Lifestyle BusseSeewald in der frechverlag GmbH Stuttgart, 2011
Geschichten aus GartenTräume:
Burda Senator Verlag GmbH, Offenburg
Layout: spoon design, Langgöns
Druck und Verarbeitung:
Neografia, Slowakei

2. Auflage

ISBN 978-3-512-03356-8

Inhalt

Frühjahr

GARTENTRÄUME
Refugium der Frühlingsfee 8
Und ewig lockt der Süden 14
In blauen Sphären 22

SAISONALE SCHÖNHEITEN
Pfingstrosen 30

GASTLICHKEIT & KULTUR
Apfelblütenfest 36
Lady of Bloomsbury 42

Sommer

GARTENTRÄUME
Mit Rosmarinduft und Seeblick 50
Das Erbe einer Designerin 56
Insel der Geborgenheit 62

SAISONALE SCHÖNHEITEN
Zierlauch 68

GASTLICHKEIT & KULTUR
Kräuterschätze 74
Magisches Purpur 78

Herbst

GARTENTRÄUME
Ein Küchengarten 86
Alles Grün der Welt 92
Wörlitzer Gartenreich 100

SAISONALE SCHÖNHEITEN
Gräser 108

GASTLICHKEIT & KULTUR
Picknick in der Heide 114
Schmucke Hagebutten 120

Winter

GARTENTRÄUME
Goldhoorn Gardens 128
Wunderwelten 134

SAISONALE SCHÖNHEITEN
Schneebeeren 140

GASTLICHKEIT & KULTUR
Köstliche Feigen 144
Weihnachten im Gartensalon 150
Eine Schlittschuhpartie 156

WENN GARTENTRÄUME WAHR WERDEN …

Es gibt wohl kaum einen Gartenliebhaber, der nicht eine Idealvorstellung von seinem Freiluft-Refugium im Kopf hat. Wenn man nur mehr Platz hätte, ein anderes Klima, die Zeit sich mehr um das geliebte Grün zu kümmern …

In diesem Buch stellen wir Gartenbesitzer vor, die ihre Idee vom Traumgarten realisiert haben. Und so unterschiedlich wie die Menschen, sind auch ihre Gärten: Der eine erinnert an Dornröschens Schloss mit Tausenden von Rosen, der andere beeindruckt durch formale Gestaltung mit mediterranen Pflanzen. Der Garten einer Künstlerin feiert die Farbe Blau, während ein englischer Potager nicht nur kulinarisch sondern auch optisch begeistert. Es gibt Gärten, die im Frühling mit weißen Blütenwolken bezaubern, andere dagegen verwandeln sich gerade im Winter in eine Wunderwelt.

 All diesen grünen Paradiesen gemeinsam ist die Leidenschaft, mit der sie gestaltet wurden. Davon erzählen die historischen Gartenanlagen in Wörlitz ebenso wie der Cottage Garden von Virginia Woolf. „Den ganzen Tag Unkraut gejätet & die Beete fertig gemacht, in einer eigentümlichen Art von Begeisterung, die mich dazu brachte zu sagen, das ist Glück." schrieb sie damals in ihr Tagebuch.

Ja, es ist Glück, das eigene Garten-Paradies wachsen und entstehen zu sehen. Dabei ist ein Garten mehr als nur Natur – er ist ein Stück Lebenskultur: Hier kann man seine Kreativität ausleben, in Farb-Symphonien schwelgen, dekorative Stillleben inszenieren und natürlich Gäste empfangen.

Lassen Sie sich zu Ihrem GartenTraum inspirieren!

Herzlichst Ihre

Andrea Kögel

ANDREA KÖGEL
CHEFREDAKTEURIN
WOHNEN & GARTEN

Frühling

ÜBERSCHÄUMENDER WIESENKERBEL
Auf einem breiten, gemähten Weg wandelt Christel Krautwig durch weiße Blütenwogen. Das grüne Rasenband lenkt den Blick auf eine Venusstatue, die von 'Sappho', einer aparten weißen Rhododendronsorte mit schwarzem Auge, malerisch umspielt wird

IM SCHUTZ DER MAUERN
An der Mauer des alten Viehstalls herrscht ein mediterranes Klima. So fühlen sich in dem von Buchsbaum eingerahmten Beet Rosensorten wie 'Gloire de Dijon' und 'Mme P. Oger' sowie die gelbe Banks-Rose (R. banksiae 'Lutea') wohl

WEISSE SCHLEIER LEGEN SICH
ÜBER FRISCHES GRÜN

Im Refugium der
Frühlingsfee

Stück für Stück hat Christel Krautwig das Gelände um das alte Bauerngehöft erobert. Im Laufe der Jahre entstand ein kontrastreicher Dialog aus formalen Gartenräumen und einer mit Fingerspitzengefühl strukturierten Wildnis

DIE ERSTE BLÜTE DES ALTEN BIRNBAUMS.
Wenn die goldgelben Narzissen wie eine Fanfare den Frühling verkünden, schmückt der alte Birnbaum seine Krone mit weißen Blüten. Noch ahnt man nicht, dass sich im Frühsommer das Schauspiel wiederholt. 'Filipes Kiftsgate' heißt die Kletterrose, die ihre Triebe bis hoch ins Geäst ausbreitet und den Betrachter an ein kleines Wunder der Natur denken lässt

TONKÖRBE VOLLER VEILCHEN
Die Blütengesichter der Hornveilchen schmücken den Sims des Gartenkamins, der lauschige Stunden im Toskana-Garten verheißt

ZAUBER DER GARTEN-WILDNIS

Mit einer zarten Ouvertüre aus hunderten von Elfenkrokussen wird das neue Gartenjahr bei Christel und Herward Krautwig eingeläutet. Die kleinen fliederfarbenen Kelche überziehen die Wiesen rund um den aus dem Jahre 1868 stammenden Bauernhofs mit einem zarten Schleier.
Schaut man genauer hin, entdeckt man auch schon die Nasen der Narzissen. 'February Gold' heißt die Sorte, die zwar meist erst im März die grünen Teppiche vergoldet, aber zu den frühesten ihrer Art gehört. Dazu gesellt sich der Färberwaid, so scheint sich die Frühlingssonne nicht nur in der glatten Wasseroberfläche des Teiches zu spiegeln, sondern auch im Wiesengrün.
Das Treiben wird von Hornveilchen und anderen Frühlingsblühern in Töpfen begleitet. Allmählich erwachen die Gehölze, Obstbäume verwandeln sich in Blütenberge. Nun gilt es die Wildnis zu zähmen. Christel Krautwig verleiht den Wiesenflächen Struktur, indem sie breite Wege freimäht. Den Verlauf hat sie nicht festgelegt, sondern von ihren vier Kindern übernommen, die als erste das sich selbst überlassene Gelände erkundet haben. Dabei achtete sie darauf, dass der Blick am Ende des Weges auf ein Ziel trifft. Eibennischen, Gartenbänke und Figuren wollen entdeckt werden. Im bequemen Schrittabstand liegen Wegplatten im Boden, so dass man beim Mähen einen Anhaltspunkt hat.

Wenn die Narzissen ihren Höhepunkt überschritten haben, formiert sich der Garten neu. Die weiße Phase beginnt. Weiße Wogen verzaubern das Gelände, wenn der Wiesenkerbel in die Höhe schießt und seine schirmförmigen Dolden aufspannt. Beim Umherwandeln versinkt man in Träume: Rechts und links der Wege scheinen sich Elfen versteckt zuhalten. Die Venus in den Hügeln des weißen Rhododendron 'Sappho' weckt einen schließlich sanft.
Diese Symphonie der Frühlingsfee verklingt sacht. Erst im Spätsommer kommt es zu einem rosaroten Finale auf den Wiesen. Dann tanzen Kronwicken und Skabiosen über das Grün. Zunächst jedoch locken im Frühsommer die Rosen in den vierflügeligen Rosengang. Neben den Wegen blühen sie und ebenso im alten Birnbaum. Sie verhüllen die Hängematte im Baumhaus und erobern den mediterran anmutenden Innenhof zwischen Remise, Scheune und Stall.
Zugleich rücken zwei Gartenteile zunehmend in den Vordergrund, die sich bislang zurückgehalten haben: ein formaler Kräutergarten und ein symmetrisch aufgebauter Toskana-Garten. Beide verstecken sich hinter Gebäuden und Mauern. Ihre strengen Strukturen werden von geschnittenen Buchsbaum- und Eibenkugeln unterstrichen.

MIT SÜDLICHEM FLAIR
Im Innenhof der ländlichen Gebäude herrscht mediterranes Klima. Im Schutz der 30 Jahre alten Myrtenbäumchen genießt man die Siesta

Im Kräutergarten gehört den unterschiedlichen Gewürzpflanzen jeweils ein Beet. Nicht winterharte Arten wie Lorbeer, Rosmarin und Basilikum wachsen dekorativ in Töpfen, die dazwischenstehen. Thymian, Minze, Fenchel, Bohnenkraut und Sauerampfer werden für den täglichen Bedarf und den Wintervorrat geerntet.

Auf der anderen Seite der Remise, die nahezu vollständig von den Trieben der heimischen Waldrebe Clematis vitalba erobert wird, liegt ein Gärtchen, das man auch in Italien vermuten könnte: eingerahmt von Mauern, durch ein Wegekreuz unterteilt. Meerkohl und die Rose 'Ballerina' thronen an den Ecken, während eine Tagliliensammlung, Schwertlilien und Türkenmohn die Säume verzaubern. Mit einem Gartenkamin kann man hier an kühlen Abenden einheizen. Als Biologielehrerin sieht Christel Krautwig den Garten aber nicht nur als Lebensraum für Pflanzen – Froschkonzerte, schnuffelnde Igel, gackernde Zwerghühner, unzählige, zum Teil seltene Falter und nicht zuletzt das Familienleben gehören dazu und verheißen wahren Gartengenuss.

AUSBLICK ZUM TRÄUMEN
Am Rande des Gartenteiches (Bild oben) schweift der Blick über die gelben Narzissenbüschel zu der großartigen Kulisse aus alten Gehölzen

GEZÄHMTE WILDNIS
Rhododendron 'Catawbiense Grandiflorum' wächst zwischen den hohen Esskastanien zusammen mit Kerbel und blauen Hasenglöckchen

DAS GEHEIMNIS DER VENUS
Im Schutz der treibenden Esskastanien erwartet die Göttin der Liebe den Sommer. Die Figur aus Pressmarmor hat Christel Krautwig mit einem Gemisch aus Kuhmist, Erde und Wasser angepinselt und ihr damit rasch zu Patina verholfen. Mit diesem grünlichen Algenschleier passt sie sich nun perfekt in die Situation ein

DIE CÔTE D'AZUR ALS IDEALER NÄHRBODEN FÜR GARTENTRÄUME

Und ewig lockt der Süden

Engländer sind als Pflanzennarren bekannt. Viele zog es ans sonnige Mittelmeer, um dort ihrer botanischen Leidenschaft zu frönen. Gehen Sie mit auf Spurensuche

ZWEI BRÜDER – EIN GARTEN

Thomas und Daniel Hanbury (Foto mit Sohn) legten 1867 an der italienischen Riviera den Grundstein zu einem der berühmtesten botanischen Gärten der Welt. Die beiden Gentlemen stehen stellvertretend für viele ihrer Landsleute, die dem ewigen englischen Nebel goodbye sagten und an den Gestaden des Mittelmeeres traumhafte Gärten schufen. Einige dieser Perlen haben die Zeit überdauert und ziehen uns noch heute in ihren Bann

ZIMMER MIT AUSSICHT
Vom Palazzo der Giardini Botanici Hanbury in
Mortola schweift der Blick über das azurblaue
Mittelmeer. Zur Linken lockt die Blumenriviera
um San Remo, rechts grüßt die Côte d'Azur mit
berühmten Orten wie Menton und Cannes

Zwei Brüder – ein Garten

LEBENSTRAUM
An der italienischen Mittelmeerküste, unweit des Dorfes Mortola, verwirklichen die Hanbury-Brüder ihren Traum vom Garten der fünf Kontinente, in dem sich Pflanzen aus aller Welt ein Stelldichein geben. Unten im Bild prächtige Natternköpfe

PFLANZEN DER WELT IN MORTOLA

STILELEMENTE aus unterschiedlichen Epochen bereichern den Hanbury-Garten. Viele fanden erst nach dem Tod der beiden Gründer ihren Platz

AUSBLICKE auf das weite Meer gehören zu den besonderen Erlebnissen eines Besuches des Hanbury-Gartens. Vor der Villa befinden sich mehrere Pergolen, Terrassen und Pavillons, die erst im Zuge des Neuaufbaus des alten Palazzo Orengo errichtet wurden

PALAZZO ORENGO ist das bestimmende Bauwerk im Gelände des weiträumigen Gartens. Die Villa wurde auf den Fundamenten eines alten Palazzos von den Hanbury-Brüdern mit prächtigen Marmorsäulen und Balustraden neu errichtet. Der Palast dient auch zur Ausstellung orientalischer Sammlungen

Die Küste des Mittelmeers übte schon immer große Anziehungskraft auf gut betuchte Vertreter der Gesellschaft in nördlichen Gefilden aus, allen voran die von Botanik begeisterten Briten, deren prunkvolle Villen noch heute das Gesicht der Côte d'Azur prägen. Einer dieser Pflanzennarren war Sir Thomas Hanbury, der als Tuchhändler in Schanghai zu Vermögen gekommen war. Er reiste 1867 für einige Tage an die sonnige Küste und blieb ein Leben lang, um gemeinsam mit seinem Bruder Daniel seinen Lebenstraum von der Schaffung eines Gartens der fünf Kontinente zu verwirklichen. Das geeignete Fleckchen Erde für das Projekt entdeckte Thomas Hanbury bei einer Bootsfahrt um das Kap Mortola: eine verwilderte Zitronenplantage samt verfallenem Palazzo an einem Hang unweit des kleinen Dörfchens Mortola. Die klimatischen Bedingungen konnten nicht besser sein. Exotische Gewächse aus allen Erdteilen, die sich im fernen England nur in teuren Glashäusern kultivieren ließen, gediehen an der italienischen Mittelmeerküste problemlos im Freien. Ableger und Samen traten vom Hanbury-Garten ihre Reise in alle Welt an und bildeten den Grundstock für so

TEMPEL DER VIER JAHRESZEITEN Das elegante Bauwerk mit seiner kunstvollen schmiedeeisernen Kuppel, ein typisches Element von Gärten jener Zeit, befindet sich im Schnittpunkt zweier Hauptachsen, auf denen sich die umfangreiche Pflanzensammlung bei einem Spaziergang bequem erkunden lässt

~ **BLÜTEN AUS ALLER WELT** ~ darunter auch die von Kakteen und anderen exotischen Pflanzen – verleihen dem Garten zu allen Jahreszeiten freundliche Farbtupfer. Ergänzt werden sie von anderen Gewächsen aus Wüstenzonen, australischen Wäldern und aus Fernost. Die heutige Leitung des botanischen Gartens in Genua ist bemüht, den ursprünglichen Zustand wieder herzustellen

HERRENHAUS MIT VERGANGENHEIT

RIESIGE AGAVEN schmücken den Eingang zum Botanischen Garten Val Rahmeh in Menton. Er bietet einen umfassenden Überblick über die gesamte Mittelmeer-Flora und besitzt zahlreiche seltene Pflanzen aus Afrika, Asien, Amerika und Ozeanien

ALOE findet in dem milden Klima am sonnigen Mittelmeer ideale Wachstumsbedingungen. Der Ortsteil Garavan in Menton wird durch hohe Berge vor kalten Landwinden geschützt und zählt zu den wärmsten Orten Frankreichs

manchen Traumgarten an der Côte. Heute empfängt der restaurierte Garten wieder zahlreiche Besucher. Die Hanbury-Brüder hätten ihre Freude daran. Nur einen Katzensprung weiter über die italienisch-französische Grenze stößt man auf das reizvolle Städtchen Menton, das sich gleich mehrerer historischer Gärten rühmen darf. Im Stadtteil Garavan, der das mildeste Klima von Frankreich aufweist, überrascht der Botanische Garten Val Rahmeh mit Raritäten aus tropischen und subtropischen Regionen, darunter ein Exemplar von Sophora toromiro, dem mythenhaften Baum von den Osterinseln. Einst von Lord Radcliff, seines Zeichens Gouverneur der Insel Malta, als repräsentativer Wohnsitz errichtet, wird das Anwesen heute wissenschaftlich vom Nationalmuseum für Naturgeschichte betreut. Ein Glück, denn eine gewisse Miss Campbell, die letzte und ein wenig exzentrische Besitzerin, liebte alles, was duftet, und verwandelte den Garten in einen Hain aus Engelstrompeten.

Mit La Serre de la Madone verfügt die Zitronenstadt Menton über das wohl schönste Gartenjuwel, das erst kürzlich aus langem Dornröschenschlaf erweckt wurde. Der historisch interessante Garten liegt etwas versteckt in einem Tal bei Gorbio und ist das zweite Meisterwerk von Lawrence

BOUGAINVILLEEN Palmen, Bananen, Feigen und weitere tropische Gewächse schmücken die im spanisch-maurischen Stil erbaute Villa. Dann dürfen auch der an einen Patio erinnernde Brunnen in der Mitte des Strelitziengartens und Terrakottagefäße nicht fehlen

Ein Refugium für „das Kätzchen"

KERZEN-STRAUCH
Mit ihren leuchtend gelben Blüten ist die Mittelmeerschönheit nicht zu übersehen. In Val Rahmeh ist sie oft anzutreffen, neben Pflanzenraritäten aus Mexiko, Amerika, der Karibik oder China und Japan. Die Pflanzen aus der Südhemisphäre stammen aus Ländern wie Australien, Südafrika und Südamerika

~ **LORD RADCLIFF** ~
einst Gouverneur der Insel Malta, konnte sich als solcher eine repräsentative Villa in Menton leisten. Er schuf das Anwesen Ende des 19. Jahrhunderts im heute noch deutlich erkennbaren spanisch-maurischen Stil. Seine Frau lernte der Lord dem Vernehmen nach während seiner Indien-Zeit kennen. Nach ihr benannte er das Haus in Menton. In der Sprache seiner Frau bedeutet Rahmeh so viel wie Kätzchen. Ein Türstein mit dem Bildnis einer Katze erinnert daran. Val Rahmeh ist heute ein gepflegter botanischer Garten

ENGLISCHE GARTENKUNST AN DER KÜSTE DES MITTELMEERS

La Serre de la Madone

~ LAWRENCE JOHNSTON, ~
ein Amerikaner, der 1871 in Paris das Licht der Welt erblickte, in England studierte und schließlich britischer Staatsbürger wurde, hatte sich bereits vor seiner Zeit an der Riviera als Landschaftsarchitekt international einen Namen gemacht. Sein erstes Meisterwerk war Hidcote Manor in England – ein Garten, der vor allem durch seine rote Rabatte Weltruhm erlangte. Zwischen 1919 und 1939 schuf er mit La Serre de la Madone an der französischen Mittelmeerküste ein weiteres bemerkenswertes Gartenkunstwerk, das wieder zu neuem Leben erwachte

PUMMELIGE PUTTEN
können als barockes Zugeständnis im sonst eher englischen Landschaftsgarten angesehen werden. Diverse Brunnen, Wasserbecken und Grotten gehören zu den prägenden Elementen in dem Garten mit zwölf Terrassen

Johnston, einem Amerikaner mit britischem Pass, der auch den berühmten Garten Hidcote Manor im englischen Gloucestershire schuf.

Seine Familie liebte den europäischen Lebensstil. Lawrence wurde 1871 in Paris geboren und studierte später in Cambridge. Nach Menton kam er wegen seiner kränkelnden Mutter, die sich in einem Sanatorium in der Nähe des Meeres Stärkung ihrer schwachen Lunge erhoffte – ein damals weit verbreiteter Irrtum, denn die feuchtwarme Luft ist alles andere als heilsam. Die Mutter starb, der Sohn blieb und legte am Stadtrand von Menton einen sieben Hektar großen Park mit zahlreichen Terrassen, Bassins und Springbrunnen an. Englische und südländische Gartenkunst verschmolzen in vollendeter Harmonie, und im Park stehen heute noch Baumriesen, die Johnston seinerzeit von Expeditionen aus Asien einführte.

Nach seinem Tod verfiel der Garten. 1990 wurde der Besitz unter Denkmalschutz gestellt und umfangreiche Restaurierungen begannen. Das Kleinod findet nun Stück für Stück zu seinem alten Glanz zurück.

DER PROVENZALISCHE PALAST
wurde kürzlich restauriert und soll künftig kulturell genutzt werden. Das Bild links zeigt die markanten Wasserbecken und die Orangerie

LOGGIA IM GRÜNEN
Ein geschützter Platz für genau die Stunden, die zwischen drinnen und draußen zu schweben scheinen. Im Spiegel verfängt sich ein Gartenausschnitt und abends das Licht des Kronleuchters, während die Lorbeer-Hochstämme Wacht halten

EIN KLEINER GARTEN
MIT GROSSER WIRKUNG

In blauen Sphären

„Wenn der blaue Mohn blüht, ist das immer ein Grund
zu feiern!", schwärmt Franny Stolk. Die Künstlerin
mit dem Faible für Türkistöne gibt auch ihrem kleinen
Gartenreich im südholländischen Voorschoten
einen himmlischen Anstrich

Im Wintergarten fühlt man sich wie unter freiem Himmel

GAR NICHT STIEFMÜTTERLICH werden die fliederfarbenen und dunkelvioletten Stiefmütterchen und Hornveilchen in Szene gesetzt. Zwischen Immergrünen und Hortensien füllen sie ganz unbescheiden Blühlücken

DER DUFT VON MAIGLÖCKCHEN liegt in der Luft. Natürlichkeit ist angesagt, Genießen mit allen Sinnen hat oberste Priorität. Die Ranunkeln in ihren cremeweißen Rüschenröcken tanzen wie Wattewolken über dem Stillleben

„Blau, blau, blau ist alles, was ich hab…", lautet eine Zeile eines alten Volksliedes. Es könnte das Motto von Franny Stolk sein, die die himmlischste aller Farben zum Leitmotiv auch ihres Gartenreiches macht. „Ich war schon immer in blauen Sphären", beschreibt sie.

Franny Stolk ist mit Gärten aufgewachsen. Ihr Vater war Gärtnermeister, die Liebe und Begeisterung für das Leben und Arbeiten mit Pflanzen wurde ihr sozusagen in die Wiege gelegt. „Früher habe ich fast alles selbst ausgesät, inzwischen kaufe ich aber auch viele vorgezogene, ausgewachsene Pflanzen." Als sie und ihr Mann Willem hierher zogen, war der Garten ein reiner Obst- und

EINE RUNDE SACHE ist die Gestaltung in Blautönen. So findet neben azurfarbenen Blüten auch eine wasserfarbene Glaskugel den Weg ins Beet. Bild Mitte rechts: Die Teekannen hat Willem aus Holz gesägt und bemalt, nun schmücken sie den Vorratsschrank

AUCH BEI SCHLECHTEM WETTER ist man nicht wirklich „eingesperrt". Eine Tasse Tee trinken, ein gutes Buch auf dem Sofa lesen oder Skizzen für das nächste Gemälde entwerfen – all das fällt hier nicht schwer!

PFADFINDER
Hier und da fragt man sich, wie man wohl zu einer bestimmten Gartenecke kommt, so dicht bewachsen scheint das kleine Grundstück. Blickfänge wie Bank und Statue setzen in der Menge aus lila und rosa Leinkraut (Linaria purpurea) und Pfingstrosen Akzente

IMPRESSIONISTISCH
mutet die Vielfalt der Texturen an. Da schwirren sparrige Stängel der Crambe cordifolia durchs Bild, weiche Farnwedel wiegen sich in Gelbgrün, es knirscht Kies unter den Schritten, die – verlässt man den Weg – von teppichweichem Rasen geschluckt werden

Enzianblau, Himmelblau – Alles außer Einheits-Grau

TAFELFREUDEN
Ein ausrangierter Tisch stellt sich zwischen zwei dekorierte Schalen. Das Motiv der unteren Schale werden Sie – leicht abgewandelt – auf der nächsten Seite wiederfinden. Und haben Sie auch schon die türkisen Glassteinchen im Kies entdeckt?

Gemüsegarten. Ein Apfel- und ein Birnbaum, eine Ligusterhecke und eine Hortensie hielten wacker die Stellung. Ein Teil des 100 Jahre alten Hauses wurde gerade renoviert, so herrschte zunächst ein ziemliches Durcheinander. Der Garten war kleiner als der, den Franny davor hatte, aber durch seine Bäume und das kleine Gewässer, die das Grundstück umgeben, vermittelt er eine besondere Atmosphäre, beinahe wie eine kleine Insel.
Auf dieser seligen Insel blühen Wogen weißer und blauer Blüten, graulaubige Stauden ergänzen die Wasserfarben-Komposition. Da der Boden lehmhaltig ist, fühlen sich auch Rosen wohl. Gäbe es schon richtig blaue Rosen, würde man sie garantiert hier antreffen!

LIPPENBEKENNTNIS
Das Enzianblau des Salbeis (Salvia patens) leuchtet in natura beinahe unwirklich. Eine schöne Pflanze für leicht verwilderte Sonnenbeete. Mit verschiedenen Sorten des Lippenblütlers bereichern Sie nicht nur die Farbpalette, auch lässt sich so die Blütezeit verlängern

GRAU IST NUR DIE THEORIE
Silberlaubige und grau beblätterte Stauden fügen sich ins Farbkonzept. Ihre wohltuende Zurückhaltung macht sie zu idealen Pflanzpartnern, die ornamentalen Rosetten der Echeverien und Semperviven erfreuen nicht nur das künstlerische Auge

„Jeden Moment genießen" – das ist Franny Stolks Gartenmotto

DOPPELDECKER
Auch die beiden Deckchairs haben einen himmelblauen Anstrich erhalten. Welch ein einladender Platz für Mußestunden! Derweil schnuppert Besuch „Pippa" nach dem Rechten

BILD IM BILD
„Kunst ist die Abbildung der Natur" und umgekehrt, mag man angesichts der Gemälde von Franny Stolk anfügen. In ihrem Atelier findet sich für beides genügend Raum: Es ist lichtdurchflutet und der Blick hinaus ins Grün inspirierend

MECONOPSIS

Fragt man Franny nach ihren Lieblingspflanzen, gerät sie ins Schwärmen: „Hin und wieder hatte ich blauen Mohn in meinem Garten – das war jedes Mal ein Grund zu feiern!" Abgesehen vom blauen Scheinmohn (Meconopsis) stehen die weißen und blauen Rittersporne sowie verschiedene Sorten von Salbei und Glockenblumen hoch in der Gunst der leidenschaftlichen Gärtnerin. Franny Stolk pflanzt, dekoriert und pflegt ihren Garten fast allein, ihr Mann schneidet die Hecken und mäht den Rasen. „Als die Kinder noch klein waren, gehörte ihnen der Garten – heute ist er meine Spielwiese", lacht Franny verschmitzt. Wenn sie nicht im Garten ist, findet man sie in ihrem Atelier, wo sie ihrer Kreativität auf Leinwand freien Lauf lässt. Der Garten scheint ihr zu folgen – durch die hohen Fenster des Wintergartens direkt auf die Staffelei.
Im Frühling, wenn alles zu blühen beginnt, ist es besonders schön: „Mein Garten ist wild, dennoch wunderbar ausbalanciert – eine Art ‚gezähmte Wildnis'. Da wir im Garten viele Vögel haben, muss ich nicht einmal gegen Schnecken vorgehen." Chemische Mittel verwendet Franny nie. Und auch die Schere darf ruhig mal faulenzen, es müsse schließlich nicht alles picobello herausgeputzt werden. So bleibt im Winter einiges stehen: Samenstände für die Vögel und raureifbedeckte Silhouetten von Hortensien und Buchs als Augenschmaus für den Betrachter.
Jedes Fleckchen ist dicht bepflanzt, sodass Unkraut kaum eine Chance hat. Genauso wenig wie rote oder gelbe Blüten, die dem kritischen Farbempfinden der Künstlerin nicht standhalten! Nur hin und wieder schleicht sich ein roter Mohn ein – der darf dann bleiben. Vielleicht will er einfach dabei sein, wenn der blaue Scheinmohn das Gartenfest eröffnet …

AUFGEREIHT
Die wasserblauen Glasflaschen dienen als Petroleumlampen. Bis zu ihrem Einsatz an milden Abenden verweilen sie geschützt an der Terrassentür. Davor präsentieren sich Rosenkugeln aus Ton in Blau- und Grünnuancen und mit Schmetterlingsmotiven

EISSORBET-FARBEN
Lachs, Gelb, Apricot, Rosa und Creme in einer einzigen Blüte vereint! Warum die Pfingstrose 'Jeanne d'Arc' nur nach einer Kämpferin benannt wurde, wo ihre gerüschten Blüten doch eher an Ballnächte erinnern?

Berauscht von seidig-zarten Päonien

Petticoats &
Puderquasten

EIN HAUCH VON ABENDDÄMMERUNG
Sie erinnert nicht nur an Alte Rosen, sondern bezaubert noch dazu mit Rosenduft: die Edelpäonie 'Mme Emile Galle'. Ihre Blüten sind nur zu Anfang zart lilarosa, dann verblassen sie recht bald zu Cremeweiß

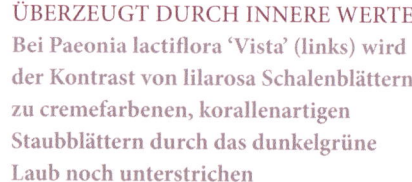

ÜBERZEUGT DURCH INNERE WERTE
Bei Paeonia lactiflora 'Vista' (links) wird der Kontrast von lilarosa Schalenblättern zu cremefarbenen, korallenartigen Staubblättern durch das dunkelgrüne Laub noch unterstrichen

Eine Blume, in die man sich mit Leib und Seele versenken möchte

Noch bevor im Sommer die Rosen ihren Auftritt feiern, ziehen sie all unsere Aufmerksamkeit auf sich: Pfingstrosen. Mit Überschwang eröffnen sie die Ballsaison im Garten

Schon so vieles ist über ihre Geschichte berichtet worden – dass sie dem Gott Paeion geweiht waren und noch im Mittelalter als Arznei eingesetzt wurden, dass die Chinesen sie als „Blume des Glücks" verehren und in tausend Jahren Züchtungsarbeit die verschiedensten Farben und Formen entstanden sind. Die auf diesen Seiten gezeigten Pfingstrosen sind vorwiegend Vertreterinnen der Art Paeonia lactiflora, der Chinesischen Pfingstrose. Im Jahre 1772 wurde die Wildform von Peter Simon Pallas in Sibirien entdeckt und nach Kew Garden in England sowie in den Botanischen Garten Berlin geschickt. Doch erst Anfang des 19. Jh. gelangten chinesische Kulturformen nach Europa und drängten die hier schon länger heimische

MONDSCHEINSONATE
'Moon of Nippon' heißt die Sorte, deren einfache Blütenschale dicht verbänderte Staubfäden birgt. Dagegen wirkt die gefüllte 'Sister Margret' aufgeplustert wie ein Schwan (oben)

HOCHTOUPIERT
präsentiert sich die pompöse 'Mme Ducel', eine Züchtung aus dem Jahre 1880. Über ihren aufgetürmten Blütenblättern liegt ein zarter Silberschleier. Sie wird ca. 80 cm hoch und blüht sehr reich

PERLENGLANZ UND PUDRIGES PASTELL
Um die flache Perlmuttschale tanzen die Blüten der rahmweißen 'Louis Barthelot' und der etwas selteneren perlrosa 'Germaine Bigot', die wie eine duftige Puderquaste anmutet

WIE DUFTIGER SATIN.
Hier wetteifern die Sorten 'Nick Shaylor' (weiß, Mitte), 'Edulis Superba' (pink, links), 'Mme E. Galle' (blassrosa, oben links), 'Mme Ducel' (rosa, oben rechts), 'Louis Barthelot' (creme, links) und 'Albert Crousse' um die Gunst des Betrachters

VERPACKUNGSKÜNSTLER
Die kompakten Pompons verführen
zu wunderbaren Bouquets. Schneiden
Sie die Blüten, wenn sich das erste
Blütenblatt von der Knospe zu lösen
beginnt und die Farbe erkennbar wird

PAEONIA WITTMANNIANA – DIE EDLE WILDE
Aus dem Kaukasus stammt diese hellgelb blühende,
ungefüllte Wildart mit dichten Staubgefäßen
(links und unten), die eine Ausgangsform schöner
Züchtungen darstellt. Sie ist allerdings in Stauden-
gärtnereien kaum zu bekommen

In China heißen Pfingstrosen „Shao yao" – „bezaubernd schön."

Bauernpfingstrose (P. officinalis) mehr und mehr in den Hintergrund. Inzwischen gibt es weltweit an die 3000 Hybriden, zumeist dicht gefüllt und oft verführerisch duftend. Aber erklärt das ihre Anziehungskraft? Wohl kaum. Das erfordert näheres Hinsehen. Wer jemals in einem Feld voller Päonien stand, weiß, wie schwierig es ist, sich für eine Favoritin unter den Schönen zu entscheiden: Wäre es die dunkel gefüllte, edel wie schwerer Bordeaux? Die anemonenhaft alabasterweiße mit cremegelber Mitte? Oder eine Strauchpäonie mit zart gefiedertem Laub, das einen leichten Kupferton aufweist? Vielleicht ist es ja auch gerade die Vergänglichkeit der „Rose ohne Dornen", die ihren Reiz ausmacht. Dass die Frühlingsdiva eben nicht „alltäglich" wird, sondern wahrhaft kostbar durch ihren kurzen Gastauftritt. Welche auch immer unser Herz gewinnt: Man möchte eine Hummel sein und berauscht vor Duft und Glückseligkeit in den raschelnden Blütenblättern und safrangelben Staubgefäßen herumpurzeln – oder sich wie Kaiserin Joséphine ein Kleid aus Päonienblüten schneidern lassen, denn genau so müsste sie aussehen, die Märchenrobe unserer Träume …

STOLZ UND REIN
Zwischen den großen,
elfenbeinweißen Blü-
tenblättern dieser „auf
festen Füßen stehenden"
Sorte P. lactiflora 'Sister
Margret' zeigen sich ver-
einzelte Staubfäden. Sie
eignet sich hervorragend
als Schnittblume

WAS DAS HERZ BEGEHRT
Unter dem großen alten Apfelbaum steht ein gedeckter Tisch mit gesunden Köstlichkeiten bereit. Ländlich frische Accessoires schmücken den stimmungsvollen Gartensalon

Frühlingsduft erfüllt die Luft und zarte Blüten setzen duftige Farbtupfer – Vorhang auf für das grandiose Schauspiel der alten Obstbäume, die uns zu einer Tafel inspiriert haben, die ganz der Kräuterlust gewidmet ist

Kommt, wir feiern ein
Apfelblütenfest

~ PIKANTER HEFEKUCHEN MIT KRÄUTERN ~

Zutaten für 1 Kuchen von 26 cm Ø: 500 g Mehl, 1 Würfel Hefe, Salz, Pfeffer, 120 g Butter, 1/4 lauwarme Milch, 2 Eier, je 1 Bund Schnittlauch u. Petersilie (geh.), 750 g Lauch, 750 g Champignons, 200 g gek. Schinken, 200 g Schafskäse, 200 g Kräuter-Frischkäse, 2 Eigelb. *Zubereitung.* Mehl, zerbröckelte Hefe, etwas Pfeffer und Salz, 80 g weiche Butter, Milch, Eier und 1/3 der Kräuter zu einem glatten Hefeteig verkneten, zugedeckt an einem warmen Ort gehen lassen. Inzwischen Lauch putzen, waschen und in feine Ringe schneiden. Pilze putzen und in feine Scheiben schneiden. Beides gemischt in 2 Portionen in 20 g Butter andünsten, mit Salz und Pfeffer würzen. Schinken würfeln, zerkrümelten Schafskäse, Frischkäse und Eigelb glatt rühren. Lauch-Pilz-Mischung, Schinken und übrige Kräuter unterrühren, abschmecken. Teig nochmals durchkneten, auf 40 x 45 cm ausrollen. Die Käsemasse darauf streichen. Von der langen Seite her fest aufrollen. In 5 cm breite Scheiben schneiden. Mit der offenen Seite nach oben in eine gefettete Springform (26 cm Ø) setzen. Abgedeckt 15 Min. gehen lassen. Im vorgeheizten Ofen bei 180 Grad 45–55 Min. backen. Abgekühlt nach Belieben mit Petersilie garnieren.

D as Landleben zeigt sich von seiner schönsten Seite, wenn der blaue Frühlingshimmel lockt und die Pflanzenwelt zu neuem Leben erwacht. Und so nutzen wir die Gunst der Stunde und verwandeln den Garten kurzerhand in einen charmanten Freiluftsalon. Gleich hinter dem alten Holzschober bezaubern groß gewachsene Apfelbäume mit ihrer verschwenderischen Pracht. Wie ein Vorhang rahmen Blütenwolken den von uns ausgesuchten Platz. Zart und doch voller ungeheurer Vitalität präsentiert sich die Natur dieser Tage – genau wie die Zutaten in unserem

KLEINE ERFRISCHUNG
Links oben: Mineralwasser mit Limettenscheiben begleiten den „Blütenzauber-" und Bärlauchkäse – dazu schmeckt ofenfrisches Kräuterbrot

~ TOMATENSOSSE ~

Zutaten für 4–6 Personen: 1 Zwiebel, 1 Knoblauchzehe, je eine Hand voll frischer Rosmarin und Thymian, 2–3 EL Olivenöl, 1/2 rote Peperoni, 150 ml Tomatensaft, 250 g frische Tomaten, 1 TL Zucker, Salz, Pfeffer aus der Mühle
Zubereitung. Zwiebel pellen und fein hacken, Knoblauch pellen und durchpressen, frischen Rosmarin und Thymian waschen, trockenschleudern, von den Stielen zupfen und fein hacken. Peperoni waschen, von weißen Häutchen und Kernen befreien und fein hacken. Alles in Olivenöl andünsten, Zucker zugeben. Mit dem Tomatensaft 3 Min. köcheln lassen. Tomaten entkernen, würfeln, zur Soße geben und mit Salz und Pfeffer aus der Mühle abschmecken.

ES IST ANGERICHTET!
Mit den ersten warmen Tagen des Jahres steigt die Lust auf ein Fest im Freien: Feine Kreationen, flackernde Windlichter, Pinienzapfen aus Stein und Rosmarinkränze heißen willkommen

Das i-Tüpfelchen jeder Tafel:

aromatisches Grün

PIKANTER HEFEKUCHEN MIT KRÄUTERN

TOMATENSOSSE

Beschwingt genießen

STILLLEBEN
Der Zauber eines kurzen Gastspiels ... zarte Frühlingsfarben übernehmen das Regiment, Ranunkeln und Milchstern umgarnen Balsamessig und Olivenöl. Nostalgische Flaschenöffner liegen bereit

~ KRÄUTERBROT ~

Zutaten für 2 Brote: 1 kg Mehlmischung (Weizen- und Roggenmehl je ca. 50 %), 1 Würfel (42 g) frische Hefe, 1/2 TL Zucker, 600–700 ml lauwarmes Wasser, 150 g flüssiger Sauerteig, 2 TL Salz, Wild- oder Gartenkräuter, Sonnenblumenkerne, etwas Bier zum Bestreichen.

Zubereitung. Mehl in eine Schüssel füllen, Hefe in die Mitte bröckeln, mit Zucker bestreuen und mit ca. 10 EL Wasser verrühren. 10 Min. ruhen lassen. Sauerteig, Salz und 1/2 Wasser zufügen. Alles gut durchkneten. Nochmals ca. 90 Min. zugedeckt gehen lassen. Dann den Teig auswellen, mit Wild- oder Gartenkräutern je nach Saison und mit Sonnenblumenkernen bestreuen, aufrollen, mit Bier bestreichen, mehrmals mit der Gabel einstechen und die Stangen bei 200 Grad ca. 60 Min. backen.

Frühlingsmenü: frische Kräuter, Blüten und Gewürze, die mit ihrem Duft und Aroma etwas herrlich Ursprüngliches an sich haben. Bärlauchbutter, Käse mit Blüten- oder Bockshornklee, Kräuterkuchen, frisches Bauernbrot und Rosensalz sind nur einige verlockende Beispiele der köstlichen Kreationen in satten Farben, die mit wunderbaren Aromen überraschen. Einfach und doch mit viel Liebe zum Detail hergerichtet, wird ein schlichter Holztisch zur Festtafel. Weiche Kissen und Decken laden auch bei frühlingshaften Temperaturen zum Verweilen ein. Pinienzapfen aus Stein erheben sich zwischen den Glashauben und Etageren, Rosmarinkränze schmücken jedes Gedeck. Große Windlichter sorgen für Atmosphäre und sind verspielte Zierde. Dekorationsideen, die ländliche Lebenslust verbreiten und so raffiniert und beschwingt sind wie der erwachende Frühling im Bauerngarten.

KICHERERBSENSALAT MIT FETA UND KORIANDER

KRÄUTERBROT

~ KICHERERBSENSALAT MIT FETA UND KORIANDER ~

Zutaten für 4–6 Personen: 400 g Kichererbsen aus der Dose, 150 ml Olivenöl, 5 Knoblauchzehen, 1 rote Zwiebel, 1 rote Chilischote, 250 g zerkrümelter Feta, 4 Frühlingszwiebeln, 1/2 Tasse Koriandergrün (gehackt), 1 Tasse glatte Petersilie (gehackt), Saft einer Zitrone.

Zubereitung. Die Kichererbsen abspülen und in eine Schüssel geben. Knoblauchzehen fein hacken, Rote Zwiebel pellen und fein hacken, Chilischote von den Samen und Häutchen befreien und ebenfalls fein hacken. 3 EL des Olivenöls erhitzen, rote Zwiebelwürfel darin glasig anbraten, Knoblauch und Chiliwürfel hinzufügen, darauf achten, dass der Knoblauch nicht bräunt. Alles vollständig abkühlen lassen. Die grünen Teile der Frühlingszwiebel fein hacken. Feta, Frühlingszwiebeln, Koriander, Petersilie und Zitronensaft zu den Kichererbsen geben, mit Pfeffer und Salz abschmecken, das abgekühlte Knoblauchöl und das restliche Olivenöl hinzufügen und alles gut mischen, etwas durchziehen lassen.

41

ROSIG
Die Romantik des „cottage gardens"
rankt sich in Form von Kletterrosen und
Jelängerjelieber um den Seiteneingang.
Bronzefenchel schaut zu Tür und Fenster
herein. Akelei strahlt blauäugig ins Leben

Auf den Spuren von Virginia Woolf, einer der bedeutendsten britischen Autorinnen des 20. Jahrhunderts, ist Monk's House ein Meilenstein

WILLKOMMEN IM HAUS UND GARTEN DER
Lady of Bloomsbury

SCHILLERND
Ein Hauch der „Bloomsbury Group", jenes illustren Kreises von Künstlern, den Virginia Woolf mitbegründete und in Monk's House versammelte, weht noch durch das Wohnzimmer

44

"Die Sonne strahlt ununterbrochen, die Weinblätter ein transparentes Grün & die Blätter am Apfelbaum derart funkelnd ..."

TAGEBUCH 14. SEPTEMBER 1925

SAG'S DURCH DIE BLUME
Glockenblumen und Nostalgische Rosen, die ihren herrlichen Duft verströmen, sprechen die Sprache des Cottagegartens

FARBEN DRÜCKEN STIMMUNGEN AUS
Hellgrün war Virginia Woolfs Lieblingsfarbe. Blättert man in ihren Tagebüchern, stößt man auf einen Eintrag vom 9. Juni 1926, in dem sie „unser großes kombiniertes Wohn- und Esszimmer mit den Blumen & Blättern, die von überall hereinnicken" als Triumph beschreibt

KÖNNTEN MÖBEL REDEN
Das alte Schränkchen würde von der ersten Nacht erzählen, als die Woolfs vor lauter trippelnder Mäuse nicht schlafen konnten

GUT AUSGEDACHT
Aus Leonard Woolfs Schlafzimmer haben die Mieter mit einem von altem Französischen Leinen überzogenen Sofa ein gemütliches Wohnzimmer gemacht

KLUGE KÖPFE
„Bloomsbury auf dem Lande" war die Möglichkeit, die Umgebung mit all ihrem ländlichen Charme in die Kunst einfließen zu lassen. Eine Idee davon gibt die Tonbüste zwischen Geranien

KORRESPONDENZ
Frischer Blumenschmuck, der liebevoll zwischen Literarischem arrangiert wird, stammt natürlich aus dem hauseigenen Garten. Eine Schau sind die Dahlien aus der Rabatte vor dem Obstgarten

Monk's House, Rodmell – ein altmodisches Haus inmitten von dreiviertel Acre Land bezugsbereit zu verkaufen", so war es in der Anzeige eines Auktionshauses gestanden. Virginia Woolf und ihr Ehemann Leonard besichtigten das Cottage mit Ausblick auf die sanften Höhenzüge der South Downs und dachten an den Rat der Ärzte, die der romantisch-melancholischen Londonerin nach ihren schweren Nervenzusammenbrüchen einen Rückzugsort in ruhiger Gegend empfohlen hatten. Hier war er: „Das Haus: zu kleine Zimmer, schlechter Zustand der Küche, kein heißes Wasser, kein Badezimmer. Aber der Garten!", wie die Schriftstellerin 1919 in ihrem Tagebuch vermerkte. Ein Garten war für Virginia, deren literarische Quelle beim Anblick von Blumen und Pflanzen, durch Naturbeobachtung und Vogelgezwitscher zu sprudeln begann, tausendmal mehr wert als ein Haus. Schon das erste Wochenende im frisch erworbenen Monk's House hinterließ mit „schokoladenbrauner Erde unter den Nägeln" sichtbare Spuren freudiger Entspannung: „Den ganzen Tag Unkraut gejätet & die Beete fertig gemacht, in einer eigentümlichen Art von Begeisterung, die mich dazu brachte zu sagen, das ist Glück". Das große Grundstück, das im Laufe der Jahre durch Zukauf noch erweitert wurde, war ehemals als cottage garden angelegt worden. Im Zeitalter des „Cottage Cults", der insbesondere bei aufs Land flüchtenden Stadtbewohnern wie Leonard und Virginia Woolf in Mode

„Ich hätte eine Menge über den Garten zu sagen gehabt, nur ist die Verlockung, dort zu sein, anstatt ihn von innen zu beschreiben, zu groß!"

TAGEBUCH 28. SEPTEMBER 1919

LEUCHTTURM
Von ihrem Arbeitszimmer, der „writing lodge", blickte Virginia in den Garten, über den Fluss Ouse bis zu den South Downs

NACHT UND TAG
Da kann es schon einmal bis in die Nacht gehen, wenn die Textildesignerin Caroline Zoob (rechts) ihre kunstvollen Stickereien anfertigt. Als Bücherstütze zieren sie das Bord im „shabby chic" und verleihen jenen romantischen Touch, der an die alten Zeiten erinnert

MRS ZOOB
Kunstfertigkeit beweist die Mieterin mit handgenähten und gestickten Patchwork-Kissen, Gardinen und anderen Textilien

gekommen war, setzte man die Tradition fort. Virginias Mann fröhnte der Landlust nicht nur in ihrem Blumen-, Obst- und Gemüsegarten, sondern bot die selbstgezogene Ware, die der Garten im Überfluss schenkte, auch auf dem Markt feil. Doch nicht nur Obst und Gemüse besserten das Budget der Woolfs auf, sondern auch die Früchte schriftstellerischer Arbeit. Viele der wichtigsten und erfolgreichsten Publikationen entstanden mit Blick auf Garten und Landschaft. Denn die Meisterin der „stream of consciousness"-Erzählung, jener revolutionären literarischen Richtung des Bewusstseinsstroms, hatte ihre „writing lodge" (oben links) im Garten bezogen. Den Schreibtisch, der das Gartenhaus fast komplett ausfüllt, kann man heute noch begutachten. Auch das Erdgeschoss des Wohnhauses steht den Besuchern offen. In der oberen Privatetage dagegen wohnen literarisch interessierte Gartenliebhaber, „extremely sociable", wie es der National Trust, Verwalter des berühmten Hauses in der Mietanzeige forderte. Schließlich müssen Caroline Zoob und ihr Mann an Besichtigungstagen gegenüber 250 Literatur-Pilgern aufgeschlossen sein. Ganz schön viel Besucher für so ein kleines Haus. Aber zum Glück gibt es ja den Garten!

„JACOBS RAUM"
– so lautet einer von Virginias erfolgreichen Romanen. Rechts oben ist ihr eigenes Schlafzimmer abgebildet, das man wie alle Parterreräume besichtigen kann

ENGLISCHES KULTURERBE
Unter der Schirmherrschaft des National Trust ist das ländliche Refugium der Autorin Virginia Woolf und ihrem Mann Leonard gelegentlich für Besucher geöffnet. Ausgestellt sind Auszüge aus Virginias Tagebüchern und Fotografien. Der Garten wird in der Cottage-garden-Tradition weitergeführt:
Monk's House, Rodmell, Lewes, East Sussex BN7 3HF, Tel. 0044/1323-870001, www.nationaltrust.org.uk.

DIE WELLEN
Farbwogen von Rosen, Wolfsmilch und anderen typischen Cottagegartenpflanzen zeichnen den Garten heute wie damals aus. Er endet an der berankten Mauer vor der Dorfkirche St. Peter

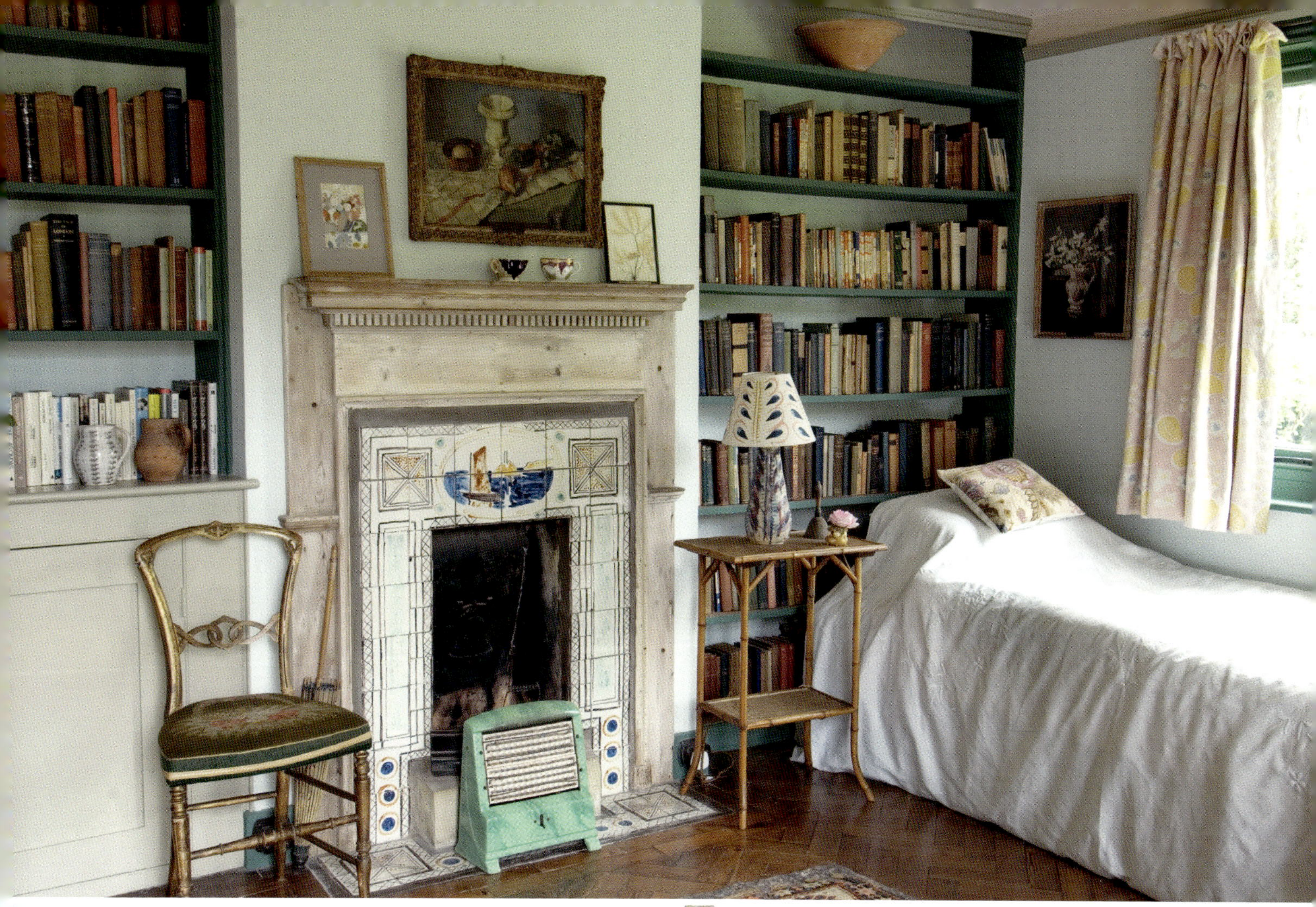

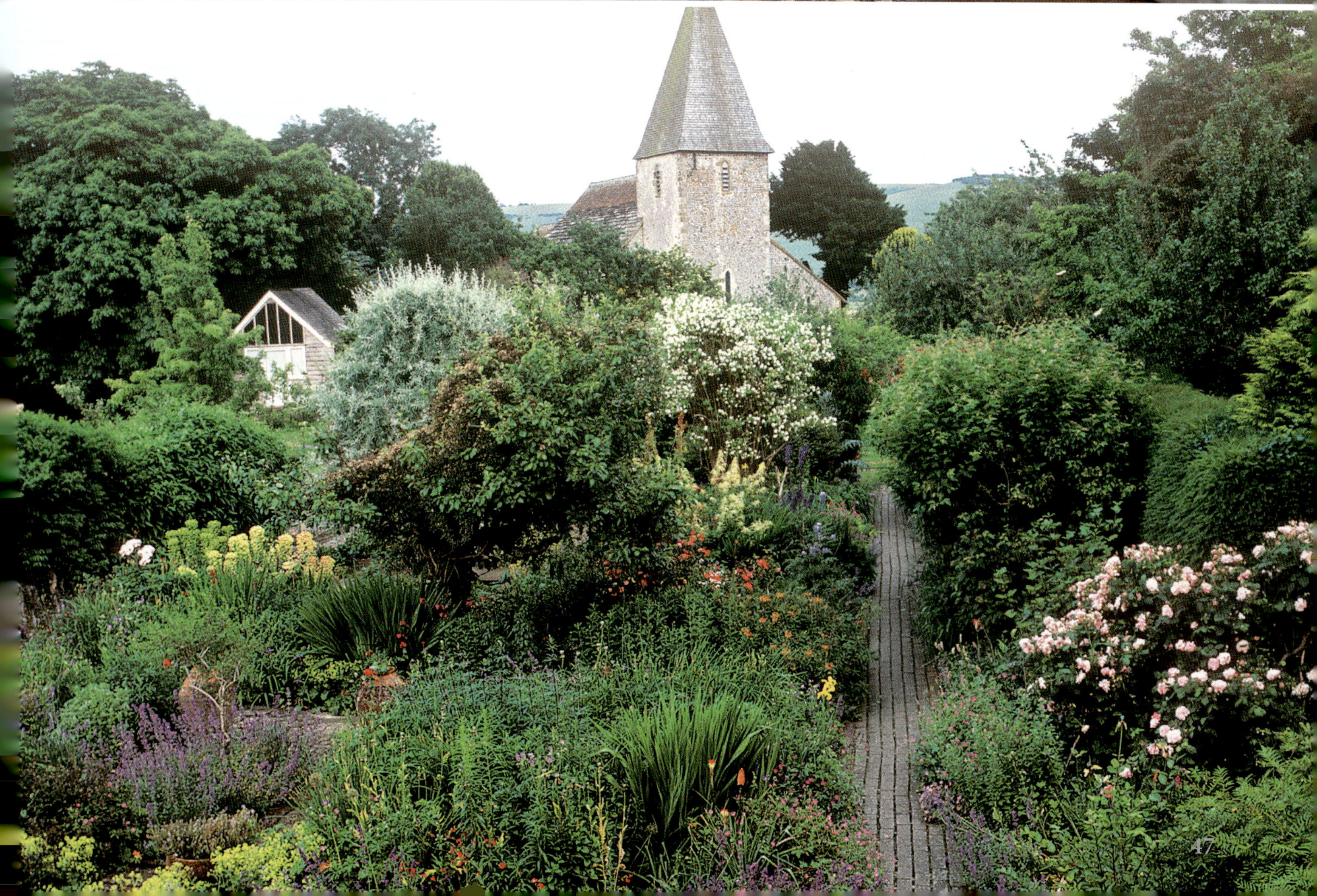

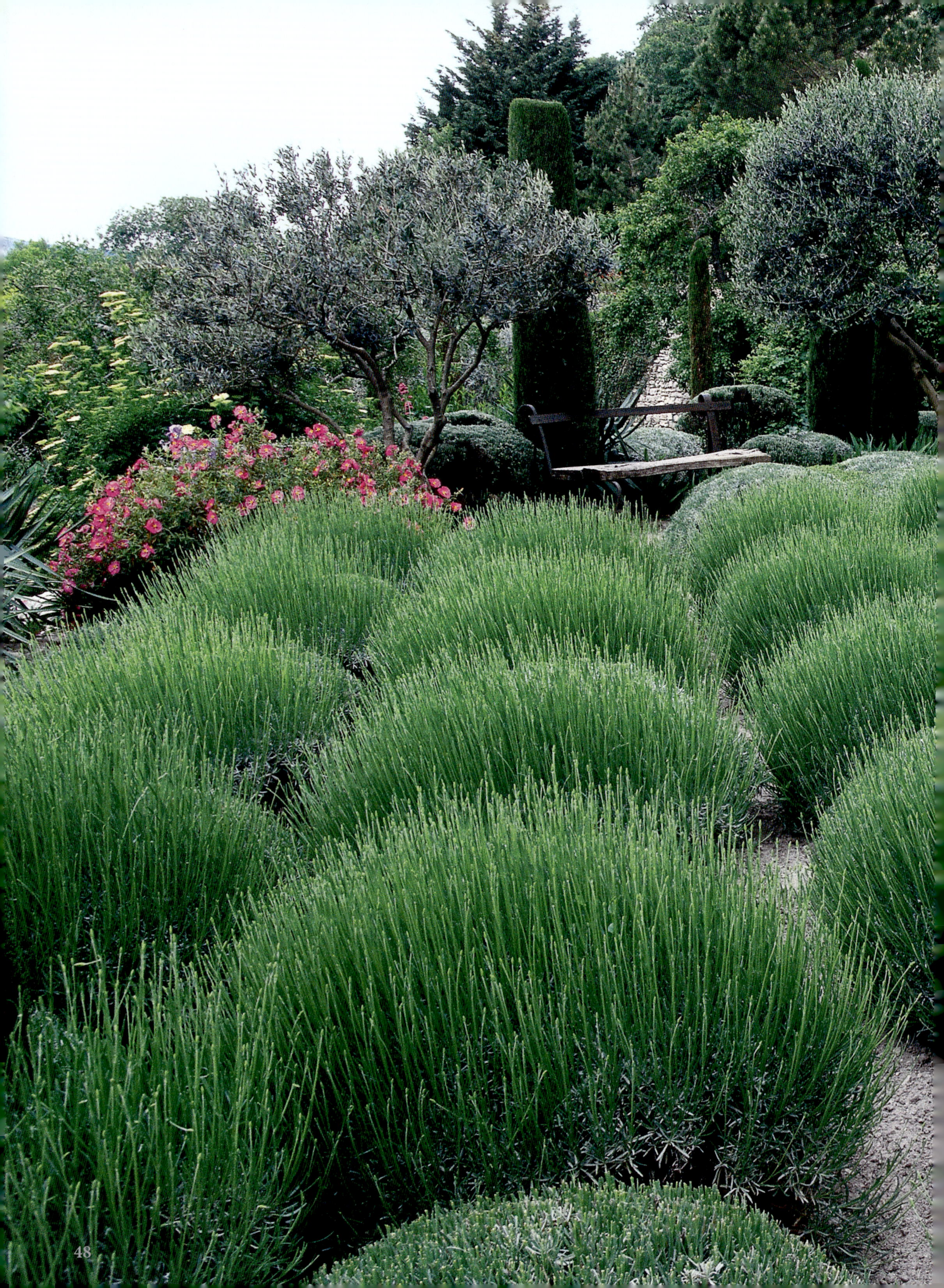

Sommer

STRAHLEND HELL UND FREUNDLICH
Nach einer Amerika-Reise haben die Hausbesitzer vieles am Haus und im Garten weiß gestrichen. So wie die alte, ehemals dunkelbraune Jugendstilbank. Auch die Platte des Teak-Alu-Tisches wurde hell lasiert. Ohne Tischdecke kommt sie gut zur Geltung

Über den Ufern des Bodensees schmiegt sich das Anwesen der Familie Lichte an den Hang. Die Hausherrin – Köchin und Gastgeberin aus Leidenschaft – verwandelt den Garten ab dem Frühjahr in einen Freiluft-Salon

Mit Rosmarinduft und Seeblick

BIS ZUM BODEN
reichen die Fenster des Wohnzimmers und eröffnen so das ganze Panorama. „Das Einrichten ist schwierig: Man möchte den Blick ja nicht verstellen." Die beiden Wachhunde stammen aus einem Antiquitätengeschäft und erinnern an die Zeit, als noch der Familienhund übers Grundstück streifte

GENUSS-REICH
Die mediterrane Küche liegt Marianne Lichte sehr. Hier vermischen sich die würzigen Aromen der Kräuter mit Käse und Poulardenkeule. Das Gmundner Keramikgeschirr (rechts) und die Gläserauswahl greifen die Hauptfarben des Gartens auf: Weiß und Grün

"Bei mir darf wachsen, was möchte – sogar der Giersch mit seinen hübschen Blüten"

AUSGEBREITET
Früher wuchsen Kräuter wie Salbei und Rosmarin im unteren Gartenteil, doch das war zu weit weg von der Küche. Inzwischen hat sich der Rosmarin „hochgearbeitet". Beim Rasenmähen und beim Gehölzschnitt auf dem schwierigen Gelände hilft hin und wieder ein Gärtner

SCHAUMKRONEN, BLÜTENWOLKEN
Im Frühsommer blüht nahe der Bank ein großer Hartriegel (Cornus) in duftigen weißen Wolken. Den weiß-blauen Kontrast zum blauen See und Himmel greifen im Garten Kaukasusvergissmeinnicht und Katzenminze auf

Es ist ein sonniger Tag im Frühsommer, über dem Bodensee liegt ein leichter, dunstiger Hauch. Nur schemenhaft lässt sich der Gipfel des Säntis erkennen, bei klarer Sicht sieht man von den Bayerischen bis in die Schweizer Alpen. Doch was das Wetter betrifft, ist Dunst ein gutes Zeichen. Wandelbar ist der See, immer wieder anders, immer wieder faszinierend, wechselnd in seinen Stimmungen, in Farben und Licht.

Da kommt es nicht überraschend, wenn Marianne Lichte* sagt: „Ich möchte nicht woanders wohnen!" Auf den ersten Blick hat sie sich in ihr Haus verliebt. 50 Meter über dem See liegt es, an einem recht steilen Hang, so dass man die unteren Häuser kaum sieht. Dadurch hat man den Eindruck, das Ufer beginne gleich hinter dem Garten. Als einziges Grundstück in der näheren Umgebung wurde der Garten einst aufgeschüttet, so dass er sich in zwei Terrassen gliedert. Haus und Garten verraten die Handschrift des Architekten: Hermann Palm entwarf es 1952, mit den für ihn typischen Giebeln – und den Birken davor. Eine davon hat die Zeit überdauert. Die Grundstrukturen des Gartens behielt das Ehepaar Lichte bei. „Ich habe ihn nur immer weiterentwickelt", erzählt Marianne Lichte. Alte Obstbäume, die zum Bild der Bodenseeregion gehören, stehen im unteren, größeren Gartenteil. Dazwischen pflanzte die Gartenliebhaberin Säulen-Thuja, die an mediterrane Zypressen erinnern soll. Buchs sorgt für Strukturen. „Ich muss gar nicht so irrsinnig viel im Garten machen", erklärt Marianne Lichte das Konzept, „lieber sitze ich da". Und dazu gibt es dank der vielen Sitzplätze reichlich Gelegenheit. Vier davon sind im Garten verteilt, die von der Dame des Hauses gern umdekoriert werden: „Ich bin eine leidenschaftliche Umräumerin."

Im Frühling dominieren im Garten Grün und Weiß mit einigen pinkfarbenen Akzenten in Töpfen und Schalen – „müdes Pink", wie es Marianne Lichte nennt. Flieder, Glyzinen und die hinter dem Pavillon blühende Kornelkirsche verbreiten dann einen Duft, „dass man fast in Ohnmacht fällt."

„Abends zünde ich gern ganz viele Fackeln an"

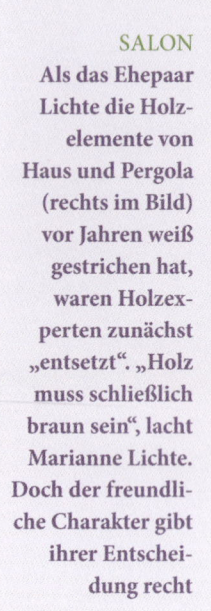

SALON
Als das Ehepaar Lichte die Holzelemente von Haus und Pergola (rechts im Bild) vor Jahren weiß gestrichen hat, waren Holzexperten zunächst „entsetzt". „Holz muss schließlich braun sein", lacht Marianne Lichte. Doch der freundliche Charakter gibt ihrer Entscheidung recht

Im Sommer hat eine Bonica-Rose ihren Auftritt, zusammen mit einer herrlichen alten Hortensie. Alles umspielt von blauen Vergissmeinnicht, Frauenmantel und Katzenminze, die sich inzwischen überall ihren Platz erobert haben. Genauso wie die Kräuter, die vom unteren Gartenbereich bis nahe an die Küche gewandert sind und immer wieder in einem der herrlichen italienischen Gerichte der passionierten Köchin ihre südländischen Aromen entfalten. Ein bisschen wie an der Riviera fühlt man sich dann schon – bei dem milden Klima, dem Blick aufs Wasser und bei einem Glas herrlichem Bodenseewein.

UNTER PALMEN
In großen Kübeln stehen Palmen, die auf diese Weise gelegentlich ihren Standort wechseln können. Den Winter verbringen sie im Pavillon. Allerdings werden sie langsam zu groß und zu schwer für den Transport. Im Hintergrund sieht man das „Zelt", eine Konstruktion aus festem Gestell und Stoffdach

SINN FÜR DINGE MIT GESCHICHTE
Marianne Lichte hat ein „Faible für altes Geschirr". Einige ihrer schönsten Stücke ersteigerte sie auf Auktionen. Damit stattet sie ihre Tafelrunden im Garten aus, denn sie mag es, wenn nicht alles „wie neu gekauft aussieht". Ein bisschen Patina zeugt von gelebtem Leben

Wenn das Abendrot Himmel und See in Flamingopink, Glutorange und Türkis taucht, entstehen Bilder, die fast zu kitschig sind, um wahr zu sein

LOGEN-PLATZ
Der Pavillon ist der Lieblingsplatz der Lichtes. Er wurde rundum verglast, damit er das ganze Jahr über zu nutzen ist. So bietet sich von hier ein traumhafter Rundumblick über den Arm des Sees. Und da man davon nicht genug bekommen kann, wurde eine Seitenwand sogar verspiegelt

DAS KONZEPT
Das Schnittmuster
für Eibe, Buchs und
Rosmarin betont die
Figur und setzt
bewusst auf schlichte
Eleganz. In Grün-
und Grautönen ver-
schmelzen Steinhaus
und Mauern mit
den Aromapflanzen
zu einer Einheit

DIE HÜTERIN
Vor acht Jahren be-
sichtigte Judy Pillsbury
das zum Verkauf
angebotene Anwesen:
„Ich wusste, dass es
etwas ganz Besonderes
war und sein Preis der
eines Kunstwerks."
Nun versteht sie sich
als Bewahrerin der
„lebenden Kunst"

NICOLE DE VÉSIANS GARTEN IM LUBERON

Das Erbe einer Designerin

Dort, wo die letzten Terrassenstufen das provenzalische Bergdorf Bonnieux erreichen, legte Nicole de Vésian ihren Garten an. Als Modeschöpferin am obersten Ende der Karriereleiter angelangt, schlug sie neue Wege der Gestaltung ein und reüssierte als Gartendesignerin

*Aus der ganzen Welt
   pilgern sie in den Garten*

NEUE PERSPEKTIVE
In einem Atemzug mit Yves Saint Laurents exotischem Garten in Marrakesch und Valentinos Pracht in der Toskana genannt, erstaunt Nicole de Vésians Reduktion auf die Charakteristika der Umgebung: Stein und Überlebenskünstler

„NICOLE DE VÉSIAN HATTE DAS ABSOLUTE AUGE"

DURCHBLICK
Die Achse zum Wohnhaus ist mit Kieseln aus der Durance, deren Flusslauf den Lubéron im Süden umfließt, verfüllt. Die nötige Spannung verleihen der Geraden kunstvoll geformte Sträucher, die sich in den Weg stellen und Formelles auflösen

VIELFALT DER FORMEN
Buchsbaum lässt sich ideal zu geometrischen Formen und Fantasiegebilden wie die am Sitzplatz im Kiesgarten schneiden

SICHTLICH ANDERS
Ein alter Futtertrog aus der Umgebung wurde zum Brunnen umfunktioniert und mit einer zierenden Steinkugel gekrönt

Heiß ist es hier im Sommer. So heiß, dass die Luft zu vibrieren scheint. Kein Windhauch – nicht das leiseste Säuseln. Nur das durchdringende Zirpen der Grillen ist zu hören. In diese Eindrücklichkeit hat sich Nicole de Vésian, Top-Designerin der Pariser Modewelt, 70-jährig zurückgezogen. Es heißt, ihre erschöpften Ressourcen hätten sie gezwungen, das mondäne Pariser Berufs- und Gesellschaftsleben hinter sich zu lassen und zum einfachen Leben auf dem Land zurückzukehren. Aus dem Rückzug wurde ein Triumph. Ihr untrügliches Gespür für Material und Möglichkeiten kreierte aus pflanzlicher Textur und mineralischer Beständigkeit ein provenzalisches Unikat. Nun wollte natürlich jeder die Gartenkollektion herausragender Zypressen, verwobener Rosmarin- und Lavendelkuppeln sowie plissierter Zistrosenblüten sehen. 1997 erstand die amerikanische Kunsthändlerin Judy Pillsbury das begehrte Stück Gartenkultur namens „La Louve" – die Wölfin:

„Ich fühle mich geehrt, La Louve zu unterhalten", meint die Hüterin des berühmten Erbes. „Nicole de

„DUFT SPIELTE EINE WICHTIGE ROLLE IN IHREM KONZEPT"

NAH UND FERN
Nicole de Vésian hatte einen Sinn für Landschaft. Bis heute fasziniert der Blick vom Garten auf die Weiten des Lubéron

DURCH DIE BLUME GESAGT
Nur wenige Blüten sind in das schlichte Strickmuster aromatischer Sträucher eingestreut, wie hier Spornblume (Centranthus ruber 'Coccineus' und 'Albus'), um dem Betrachter den Wechsel der Jahreszeiten vor Augen zu führen

SCHÖNE VAGABUNDIN
Unermüdlich blüht die Spornblume den ganzen Sommer hindurch und sorgt in allen Ritzen für Nachkommenschaft

Vésian verstand es, der Provence – ihren Materialien und Pflanzen – eine japanische Sprache zu verleihen, ohne anekdotisch nachzuerzählen. Steine einer Olivenmühle bleiben Dekoration und werden nicht etwa in Steinlaternen verwandelt." Kennzeichen japanischer Gärten sind Rhythmus und Form, die jene der Landschaft nachahmen und symbolisieren. Thymian und Bohnenkraut, sie alle finden sich im Garten ebenso wieder wie an den Hängen des umgebenden Lubéron. Es gibt nur wenig Pflanzen, die Nicole de Vésian den einheimischen Kräutern und Sträuchern der „garrigue" zugefügt hat. „Die geborgte Landschaft, die geschnittenen Pflanzen, der Geist der Sparsamkeit, das alles ist von den Tempelgärten Kyotos inspiriert", meint Judy Pillsbury, „bewahrt aber dennoch seinen provenzalischen Charakter." Das zeichnet das Können der Künstlerin aus: Stets bleibt ein Moment der Überraschung, wenn die Sonne langsam tiefer sinkt und das Licht mit den Gegensätzen rundgeschnittenen Rosmarins und ungezähmter Artischockenzacken spielt. Und von der Hitze des Tages bleibt eine angenehme Wärme.

GLEICH MOHNBLÜTEN entfalten Zistrosen (Cistus) ihre seidigen Blütenblätter zu fröhlichen Farbtupfern in Bonbonpink. Sie ist eine der wenigen Blütenpflanzen, die wie die hellblauen Bartiris, Thujagrün und Olivensilber aufmischt

Für Schönheit muss man sich Zeit nehmen

MÄRCHENREICH
„Es ist nicht so einfach, in Zeeland ein Schloss zu kaufen", erklärt Mart Steketee. Doch den Traum haben er und seine Frau Elly sich vor drei Jahren erfüllen können. Vorher zelebrierten sie das Landleben auf einem großen Bauernhof

AUS DEM SCHLAF ERWACHT
Das alte Kutschhaus war als einziges Gebäude erhalten geblieben. Die Türme wurden neu errichtet. Auf der Insel befindet sich der Privatgarten, außerhalb des Wassergrabens liegt der größere Gartenteil, der auch Besuchern zugänglich ist

DAS WASSERSCHLOSS BAARLAND

Insel der Geborgenheit

Auf den Ruinen eines im Jahre 1477 durch eine Sturmflut zerstörten Schlosses entstand eine romantische Idylle

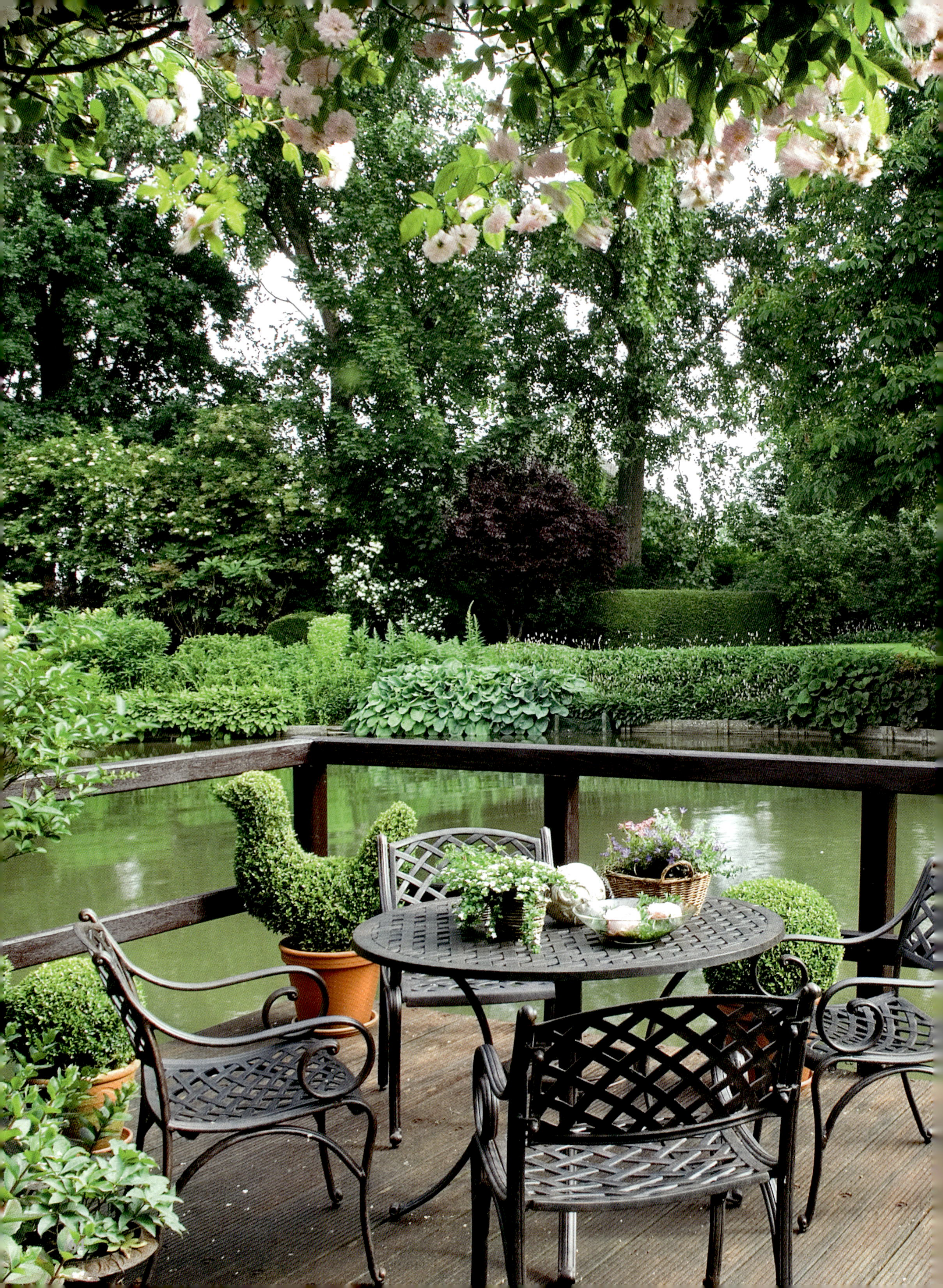

Loge am Wasser mit Entengeschnatter

GRÜNE FLUCHTEN
Mauern aus Stein, Buchs und Eibe verleihen dem „Insel-Garten" eine wohnliche Atmosphäre. Der Buchsformschnitt auf der Terrasse schlägt eine Brücke zu den vielen Enten und Gänsen, die sich in der „Gracht", dem Wassergraben, tummeln

Sommer 2007, Menschen in historischen Kostümen schreiten durch einen mittelalterlich anmutenden Schlossgarten, nur Kameras, Scheinwerfer und Regisseur in Jeans lassen die Illusion platzen. Auf Slot Baarland wird ein Dokumentarfilm über die Erfindung des Teleskoprohrs vor fast vierhundert Jahren im nahegelegenen Middelburg gedreht, der Hauptstadt der niederländischen Provinz Zeeland. Die Kulisse könnte nicht stimmiger sein: ein Wasserschloss, vor rund 30 Jahren auf den wenigen verbliebenen Fundamenten des ehemaligen Schlosses wiedererrichtet, nur über eine Zugbrücke erreichbar. 2005 haben Mart und Elly Steketee das Schloss samt bereits angelegtem Garten erworben und sich detailverliebt um die Einrichtung der Gebäude und die Pflege des Gartens gekümmert. „Viele unserer Möbel sind 300 bis 350 Jahre alt", erzählt Mart Steketee stolz.

Rund um die scheinbar altehrwürdigen Mauern gedeiht ein prächtiger Garten. Zwar werden Mart und Elly Steketee einmal in der Woche von einem Gärtner unterstützt, doch die Haupt-

DAS TOR ZUM PARADIES
Nur über eine Zugbrücke sind Wohnhaus und innerer Garten zu erreichen. Schwer vorstellbar, dass auf der Insel noch bis in die 1960er Jahre von Garten und Gebäuden allein Rudimente zu erkennen waren

Wenn Sterne und Träume zum Greifen nahe sind ...

DORNRÖSCHEN ALS PATIN
Der englisch inspirierte Rosengarten gehört zu den Lieblingsecken des Ehepaars. Der Duft, die Farben und der Charme dieses Gartenbereichs ziehen den Betrachter unwillkürlich in den Bann

ROSEN KENNEN KEINE GRENZEN
Überall erklimmen sie die Mauern (wie rechts der Rambler ‚American Pillar') und „schwappen" sogar hinüber – vielleicht wollen sie ihren Schwestern, den Seerosen, ja einen blumigen Besuch abstatten?

arbeit machen sie selbst. „Wir haben grüne Finger", erklärt der Schlossbesitzer in einer unnachahmlichen Mischung aus Niederländisch und Deutsch – und differenziert auch sogleich die Aufgabengebiete. Seine Frau sei mehr für die Natur zuständig, er dagegen für die Kultur. Während sie sich um die Pflanzen kümmert, sorgt er für die Ausstattung mit Mobiliar und Gartenaccessoires.
Das Grundstück, auf dem sich das Wasserschloss befindet, liegt mitten im Dorf. „Die Kirche ist unser bester Nachbar – sie ist immer in der Zeit", lacht Mart. Und sie läutet stets dann, wenn Besucher den Garten besichtigen.

Nach Abzug des Filmteams kehrt endlich wieder Ruhe ein – und die umfängt diese Idylle genauso vollständig wie der Kanal, auf dem Mart so gern mit seinem Boot schippert. Natürlich mit leisem Akkumotor, damit man sich unbemerkt an den Eisvogel und seine drei Jungvögel heranpirschen kann. Sie fliegen wie blinkende Diamanten übers Wasser und holen sich den einen oder anderen kleineren Fisch heraus. Die großen Karpfen dagegen sind viel zu dick und schwer – kein Wunder, sie werden täglich mit Brot gefüttert. Ob der Schlossherr sie denn irgendwann angelt? „Nein", wehrt Mart Steketee entrüstet ab, „die sind doch viel zu freundlich, um sie an den Haken zu machen."

RUNDHERUM, DAS IST NICHT SCHWER
Als hätte ein Riese aus Buchs Pralinen geformt und ordentlich um das Beet herum aufgefädelt... Ein spannender Kontrast zur geradlinigen Hecke mit ihren eckigen Pfosten

TORWÄCHTER
Am Eingang des Gartens empfängt den Besucher ein kunstvoll verziertes Tor samt Wappen. An einigen Tagen ist der Garten zu besichtigen, dann steht das Tor weit offen

GEZÄHMTES BLÜTENMEER
Zwischen den Formschnitt-Elementen tanzen Blütenwogen. Elly Steketee liebt üppig und vielfältig bepflanzte Borders, während ihr Mann es lieber monochrom und zurückhaltend mag – so ist beiden gedient

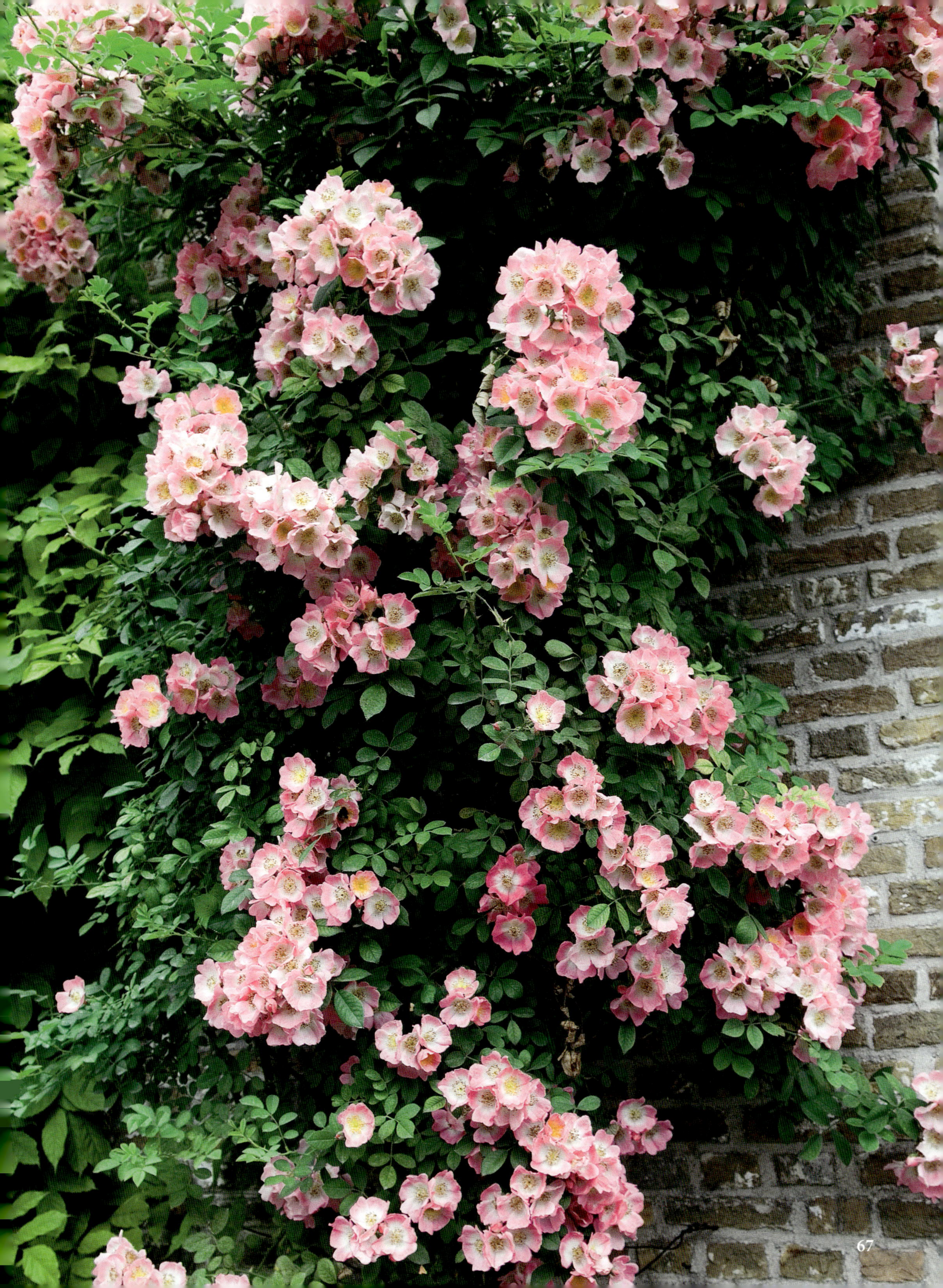

Während
einige Stauden noch
auf sich warten lassen, nehmen die
prächtigen Allium-Dolden ihren Platz über
dem Beet ein. Bei Gartengestalterin Verona
Michael in Baesweiler bei Aachen spielt der
Zwiebelblüher im Mai die Hauptrolle.

BALLSAISON
Wer sich im Mai hier niederlässt, will gar nicht wieder aufstehen. An den Allium-Sorten 'Gladiator' und 'Purple Sensation' in Verona Michaels Blauem Beet kann man sich kaum sattsehen

JETZT HAT DER ZIERLAUCH HOCHSAISON

Seine Durchlaucht – das Allium

FARBENSPIEL
Auf nur eine Farbe mag sich der Iran-Lauch (Allium aflatunense) nicht festlegen. Gerade seine verschiedenen Rosatöne machen ihn so begehrenswert. Jeder davon passt wunderbar zum Silberblatt (Lunaria annua)

Gartengestaltung mit Köpfchen

Die Ausstrahlung des Alliums bleibt selbst im Verblühen noch erhalten

TON IN TON
In der Gruppe gewinnt Allium noch mehr Ausstrahlung. Der entgegen seinem Namen weiß blühende Schwarze Lauch (Allium nigrum) leuchtet hier mit Pfingstrosen und Binsenlilie (Sisyrinchium) um die Wette

DOPPELTE PRACHT
Mit dem vollendeten Rund seiner violetten Blütendolde, auf hohen, kerzengeraden Stielen thronend, lässt der Riesen-Lauch (Allium giganteum) jeden Beetschmuck neben sich fast unscheinbar wirken

ROLLENWECHSEL
Für eine kurze Zeit gewinnt der Riesen-Lauch vor der Rose 'Evelyne' die Gunst des Publikums. Doch schon im Verblühen überlässt er ihr galant die Hauptrolle auf der Gartenbühne

Gespickt mit hundert und mehr Sternblütchen schweben die runden Allium-Dolden über dem „Blauen Beet" in Verona Michaels Garten. Doch warum gerade Allium und warum so viel? „Ich liebe ihn!", sagt die Gartengestalterin über die Zierlauch genannte Zwiebelblume, die im Mai und Juni das Gartenbild beherrscht. Und weil Allium in großen Gruppen noch prächtiger wirkt, lautet ihr Motto hier ganz kompromisslos: „Nicht kleckern, sondern klotzen!". Ein weiterer Grund machte den Zierlauch in ihrem Garten zum vielbestaunten Staudenvorreiter: „Ich wollte in meinem ‚Blauen Beet' auch im Frühling schon einen Blickfang", sagt Verona Michael. Das „Blaue Beet", ein von Eibenhecken umgebener Gartenbereich mit vier fast spiegelbildlich bepflanzten Beeten, liegt in direkter Sichtachse zum Haus, vom Wohnzimmer aus bestens zu sehen. Was man ständig sieht, soll gefallen. Also bekam Allium hier eine Bühne, noch bevor die Stauden ihren großen Auftritt haben. Im Juni, wenn sich das Beet den Besuchern der vier offenen Gartenwochenenden präsentiert, blühen darin Rittersporn, Sommersalbei, Lavendel, Phlox 'Blue Paradise' und verschiedene Storchschnabelarten in einer violettblauen Sinfonie.
Der Garten ist für Gestalterin Verona Michael neben leidenschaftlichem Vergnügen wie ein Schaufenster, in dem sie einen Ausschnitt ihres Angebots und Könnens präsentiert. Sie hat ihn in mehrere unterschiedliche Räume gegliedert, in englischem Stil gestaltet und mit Eibenhecken gerahmt. Wenn Besucher hören, dass die Fläche nicht mehr als 650 qm umfasst, sind sie verblüfft. Wie ist das möglich? „Ganz einfach", sagt Verona Michael. „Man braucht nur ein wirklich gut durchdachtes Konzept!"

Zierlauch begeistert durch die Schönheit jeder einzelnen Sternblüte

SÜSSES KLEINOD
Zum Niederknien, zum Pflücken schön… Denn der kleine Einblättrige Lauch (Allium unifolium) hat Blüten in lieblichem Bonbonrosa, die zudem aussehen wie von Zuckerguss umhüllt

FEIN ABGESTIMMT
Purpurglöckchen, Felberich, Katzenminze und Silberblatt ordnen sich dem Zierlauch dezent unter und verstärken gleichzeitig seine Farbwirkung. Ein paar Tupfer Gelb verleihen dem Beetbild Frische

VERONA MICHAELS ~ ALLIUM-TRICKS ~

Allium wird wohltuend selten von Schädlingen und Krankheiten befallen. Doch einen Schönheitsfehler haben diese wunderbaren Pflanzen: Mit Ausnahme von Allium 'Globemaster' stirbt das Laub der meisten großen Arten bis zur Blüte teilweise ab oder leuchtet bereits in wenig schmückendem Braungelb. Hier gilt es, die Misere durch geschickte Beetplanung zu kaschieren. Verona Michael ist dies in ihrem „Blauen Beet" meisterhaft gelungen: durch eine dichte Bepflanzung und die richtigen Allium-Nachbarn. Vor allem Storchschnabel, Rittersporn, Salbei und Phlox wachsen hier. Deren Laub ist zur Blütezeit des Alliums meist groß genug, um seine Blätter zu tarnen. Auch Funkien eignen sich gut. Damit auf keinen Fall gelbes

ANSICHTSSACHE
Auch nach der Blüte bleibt Allium attraktiv. Verona Michael gönnt sich den Anblick und lässt Verblühtes verweilen. Die Samenbildung schwächt die Zwiebeln allerdings, weshalb sie im Herbst neue nachpflanzt

Allium-Laub die Beetidylle stört, entfernt die Gartengestalterin es rigoros, wo es nicht durch benachbarte Stauden bedeckt wird. Dies schwächt zwar die Zwiebel und sorgt Jahr für Jahr für immer kleinere Blüten, lässt aber auch eine reizvolle Mischung ganz unterschiedlicher Größen entstehen. Verona Michael pflanzt alljährlich etwa 200 neue Zwiebeln, überwiegend Allium 'Purple Sensation'. Deshalb erscheinen die bestaunenswerten Blütenbälle jeden Mai garantiert in großer Zahl. Denn neben dem Reiz der einzelnen Pflanze trägt besonders der Auftritt in großer Gruppe zu ihrer fantastischen Wirkung bei. Im Herbst streut sie einfach eine Mischung verschiedener Allium-Zwiebeln auf dem Beet aus. Wo der Zufall sie platziert, werden sie eingegraben. Dadurch entsteht eine charmant-lässige Optik.

ALLIUM IN SEINER VIELFALT

1 Allium 'Purple Sensation' hat purpurne Blütendolden von 10 cm Durchmesser. Sie erscheinen im Mai und Juni auf 90 cm hohen Stielen. *2 Allium schubertii* wird Wunderkerzenblume genannt. Es wird 45 cm hoch und blüht im Mai. *3 Allium 'Globemaster'* präsentiert im Mai und Juni seine 25 cm großen Blütenbälle auf 80 cm hohen Stielen. Sein Laub bleibt länger grün als bei anderen Arten. *4 Allium 'Mount Everest'* hat weiße Blüten, die in 120 cm Höhe schweben. Blüte von Mai bis Juni. *5 Allium christophii* ist als Sternkugel-Lauch bekannt. Dolden von 25 cm Durchmesser werden im Mai und Juni von 80 cm hohen Stielen getragen. *6 Allium caeruleum* trägt im Juni und Juli himmelblaue Blütenkugeln von 4–5 cm Durchmesser auf 60 cm hohen Stielen. *7 Allium 'Purple Sensation'* ist wie jedes Allium auch nach der Blüte ansehnlich. *8 Allium karataviense* heißt aufgrund seiner breiten Blätter Blauzungen-Lauch. Es blüht im Mai und Juni an nur 20 cm hohen Stängeln. Am schönsten ist die abgebildete Sorte 'Ivory Queen'.

DELIKATESSEN
Mit Aromen der besonderen Art warten manche Wild- und Gartenkräuter auf. Die Blüten von Borretsch, Schnittlauch, Lavendel und Duftpelargonien sind eine feine Zierde und ein würziger Kick für die Frischkäse-Schnitten auf Farnblättern

Sie schmeicheln der Nase, kitzeln den Gaumen und ziehen wohlgefällige Blicke auf sich: Frische Kräuter sprechen uns auf allen Sinnesebenen an – kulinarisch wie kreativ

Verführung hoch drei

BOUQUET GARNI
Wie das berühmte Kräutersträußchen, das die französische Küche schon seit über 300 Jahren zum Aromatisieren von Suppen, Soßen und Fonds verwendet, lassen sich Kräuterkränzchen, hier mit Salbei, Lorbeer, Rosmarin und Thymian, immer neu variieren

HOMMAGE
Seit Jahrtausenden werden Kräuter verehrt und gepriesen. Mit feinem Pinselstrich auf Porzellan verewigt, laden sie ein zum Dinner im Grünen oder zum Kräuter-Brunch

LEBENSELIXIER
Grün, die Farbe des Frühlings und der Kräuter, beruhigt und entspannt. Geschirr, Servietten, Gläser, Krüge – alles, was nur einen Hauch von Kräutergrün zeigt, ist daher zum Stelldichein geladen

SONDERSTELLUNG
Seit dem Altertum als „Langlebenspflanze" verehrt, darf Salbei (Salvia officinalis) in keinem Garten fehlen. Als Anerkennung ihrer Verdienste bekommt sie einen Ehrenplatz und ein eigenes Etikett

G roße Kräfte sind's, weiß man sie recht zu pflegen, die Pflanzen, Kräuter, Stein in ihrem Innern bewegen", sprach bedeutungsvoll Bruder Lorenzo in Shakespeares „Romeo und Julia". Lange war das Wissen um die „inneren Werte" von Heil- und Würzpflanzen und deren Nutzung für Salben, Öle, Tinkturen, Arzneien und Liköre gelehrten Mönchen und später den Apothekern vorbehalten.

Heute können wir uns zum Glück im eigenen Garten an all den Kräuterschätzen erfreuen. Lavendel, Rosmarin, Thymian, Salbei, Lorbeer, Schnittlauch, Borretsch und Duftpelargonien stehen sogar im Mittelpunkt unserer Dekorationen. Auf Draht gebunden, zieren sie als Kränzchen Porzellanteller. Blüten von Schnittlauch, Lavendel und Duftpelargonien posieren auf Frischkäseschnitten und überraschen mit ungewöhnlichen Geschmacksnuancen, wenn man sie beherzt verspeist. Himmelblaue Borretschblüten schwimmen anmutig auf der kalten Gurkensuppe und selbst das Porzellan, die Gläser, Kerzen und Servietten zeigen in Farbe und Design ihre Verbundenheit mit den Heil- und Würzkräutern. Ein undurchdringliches Dickicht von Topfkräutern auf der Tafel verbreitet einen Hauch mediterraner Lebensfreude und lädt zum Tasten, Fühlen, Riechen und Schmecken ein. Eine Tour Surprise durch die faszinierende Welt der Düfte und Aromen.

SCHATZKAMMERN
So flüchtig wie kostbare Momente des Glücks sind die ätherischen Öle. Um sie möglichst lange zu konservieren, werden die getrockneten Kräuter z.B. in solchen Keramikdosen aufbewahrt

AUFGETISCHT
Tafeln unter freiem Himmel ist vor allem dann
ein besonderes Vergnügen, wenn ein Teil der Zutaten aus dem
eigenen Garten kommt. Zur Blütezeit glänzen Würzkräuter
in einer Doppelrolle: als dekorativer Augenschmaus
und als delikate Gaumenfreude

BLATT FÜR BLATT
Genießer haben stets einige Töpfe ihrer Lieblingskräuter in Griffnähe. Am intensivsten ist das Aroma bei den meisten Würzpflanzen kurz vor Beginn der Blüte

BLAUHIMMELSTERN
Herzfreude, Liebäuglein – schon in den volkstümlichen Bezeichnungen kommt die Verehrung für Borretsch (Borago officinalis) zum Ausdruck. Während man die rauen Blätter ihres frischen Gurkenaromas wegen schätzt, krönen die essbaren Blüten Suppen, Salate und Süßspeisen

SCHÖNE PARTNER
Samtfarben liegen nicht nur bei Rosen im Trend, auch Sommerblumen schmücken sich im Nostalgie-Look, so zum Beispiel die Engels-Geranie 'Randy' (Foto), die Clarion-Sorte 'Dark Red' oder die Aristo-Sorte 'Beauty'. Sie alle lieben sonnige Plätze – und sind somit ideale Partner für Topfrosen

Entdecken Sie die sinnliche Seite des Sommers mit traumhaften Rosen in samtigen Rottönen und lassen Sie sich begeistern von romantischen floralen Arrangements

LUSTVOLLE
SOMMER-DEKORATIONEN
MIT DER KÖNIGIN
DER BLUMEN

Magisches Purpur

NATUR-KORSAGE
Verführerisch umhüllen die samtroten Blätter des Purpurglöckchens (Heuchera) den steinernen Frauenkörper. Aus dem raffiniert geschnürten Ausschnitt blinzeln noch knospige Rosen hervor. Rosenkugel und bordeauxfarbene Clematis vervollständigen das Bild

ICH LIEBE DICH!
Das liebreizende Rosenherz übermittelt die schönste Botschaft der Welt. Die üppigen Blüten bleiben in Mosy gesteckt länger frisch, Clematisranken bilden den grünen Rahmen

Rote Rosen sind ein Zeichen brennender Liebe. Viel sinnlicher als reines Rot wirkt jedoch das bläuliche Rot in edel gefüllten Rosenblüten. Purpur, Karminrot oder Bordeaux umschmeicheln unsere Augen mit geheimnisvoller Magie und bringen einen Hauch von Luxus in den Garten.
Die faszinierende Welt der Alten Rosen bietet uns eine Vielzahl von wunderschönen samtigen Rottönen. Besonders unter den Gallica-Rosen, die als extrem winterhart gelten, bezaubern etliche Sorten mit purpurroten Blüten und wunderbaren Duft: 'Charles de Mills', 'Aimable Rouge', 'Tuscany Superb' und 'Orpheline de Juillet' gehören zu diesen Schönheiten. Aber auch viele weitere Historische Rosensorten zeigen Blüten in dunkelroten Farbnuancen, zum Beispiel die Damaszener-Rose 'Rose de Resht', die bis in den Herbst hinein blüht und einen schönen kompakten Wuchs bei nur einem Meter Höhe zeigt. Die Moos-Rose 'Henri Martin' wird mit fast zwei Metern Höhe ungleich größer. Ihre Blütenstiele und Knospen sind mit dicht moosartigen Drüsen besetzt, die aromatisch duften – ein besonderer Blickfang im Beet und in der Vase.
Aber nicht nur unter den Alten Rosen können Sie purpurfarbene Schätze entdecken, auch moderne

80

Rosenbouquets in den Farben einer rauschenden Ballnacht

NOSTALGIE PUR
Die verwunschene Rost-Patina alter Eisen-Accessoires verlangt förmlich nach der sinnlichsten Rosenfarbe: samtiges Purpur. Verstecken Sie mit Wasser gefüllte Mini-Vasen in den Deko-Schuhen, dann halten die gefüllten, samtig roten Rosenblüten von 'Zigeunerknabe' oder 'Tuscany' umso länger

GARTEN-SCHMUCK
Diese vornehme Schnürschuh aus Eisen (kl. Foto ganz links) wäre in der Tat nicht für lustvollen Spaziergang geeignet und macht sich viel besser als raffinierter Blickfang im Garten – sei es als Tischschmuck, neben der Haustür drapiert oder als Beigabe zu einem rosigen Topf-Arrangement

HERZLICH WILLKOMMEN
Begrüßen Sie Ihre Gäste mit einem duftenden Kranz aus Rosen, weinroter Sterndolde (Astrantia 'Hadspen Blood') und den tiefdunkelroten Blüten der Bart-Nelke 'Nigrescens'. Für mehr Leichtigkeit sorgen Sie mit einigen eingestreuten hellrosafarbenen Rosenblüten

Verführt und betört von sinnlichen Rosendüften

PARTNER FÜR PURPURROSEN
Nur mit passenden Begleitern kommen Rosen in edlem Weinrot oder Purpur gebührend zur Geltung. Purpurviolette Blüten bieten zum Beispiel viele Stauden, zum Beispiel der Sommer-Phlox 'Düsterlohe', die Pfingstrose 'Karl Rosenfield' oder die Monarda 'Purple Ann'. Mit Blattschmuckpflanzen, seien es Stauden wie das Purpurglöckchen 'Palace Purple' oder Sträucher wie der Blasenspiere 'Diabolo', verstärken Sie die Farbwirkung zusätzlich

BLUMIGE STIEFELETTE
Kreieren Sie sich Ihren eigenen Lieblingsschuh, indem Sie Blumensteckmasse in Stiefelform schneiden, diese mit Rotkohlblättern umhüllen und mit vielen Rosenblüten stilvoll füllen

Rosen schmücken sich mit wundervollen Samttönen, zum Beispiel die Kleinstrauchrose 'Purple Rain' oder die Edelrosen 'Duftfestival' und 'Gräfin von Hardenberg'. Luxuriöse, fulminante Blumen-Arrangements sind für all diese Rosensorten wie gemacht. Mit feuchter Blumensteckmasse, ein paar begleitenden Staudenblüten und zarten Clematisranken gelingen stilvolle Gestecke. Kombinieren Sie Ihre Kreationen mit ausgewählten Accessoires, die den Charme der Rosen unterstreichen und perfekt zu deren Farbigkeit passen – wie wunderbar, wenn verschnörkelte, mit rostiger Patina überzogene Körbe, Deko-Kronen oder Schalen die Rosenbouquets tragen. In kleinen goldrandigen Porzellantassen können Sie auch einzelne Rosenblüten wunderbar präsentieren und mit ein paar dieser niedlichen Mini-Vasen Ihre nächste sommerliche Kaffeetafel schmücken. Wer sicher gehen will, dass die floristisch verwendeten Rosenblüten lange halten, schneidet noch nicht voll erblühte Rosen in den frühen Morgenstunden – niemals aber in der prallen Mittagshitze.

Für eine perfekte Inszenierung purpurfarbener Rosen im Garten muss der Hofstaat für die Königin der Blumen passend gewählt werden: König, Prinz und Prinzessin stellen Stauden in dunklen Rottönen dar (siehe Kasten links). Ein paar hellerer Akzente setzen Höflinge in Form von graulaubigen Stauden wie der fast blütenlose Woll-Ziest 'Silver Carpet' (Stachys byzantina) oder der Silbrige Garten-Wermut 'Lambrook Mist' (Artemisia absinthium). Gefälliges Fußvolk sind Purpurglöckchen (Heuchera) mit dunkelroten ('Molly Bush') oder silberroten Blättern ('Plum Pudding,'). Nicht zuletzt braucht der Rosenstaat eine imposante Schlosskulisse für den Hintergrund: beispielsweise eine dunkelgrüne, exakt geschnittene Eibenhecke.

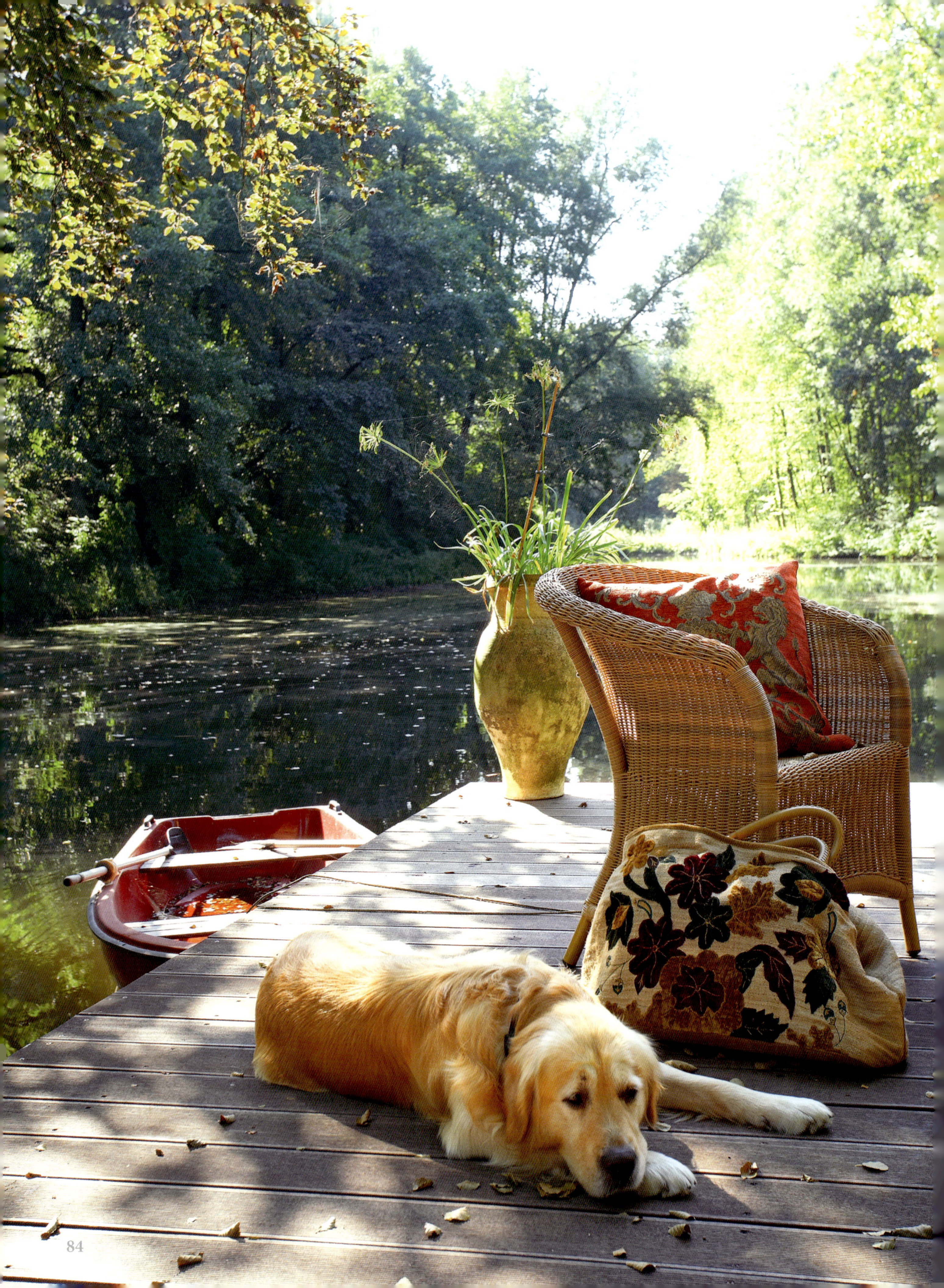

Herbst

SARAH RAVEN die Expertin aus England, gibt ihr Wissen über alles, „was aus dem Garten kommt", in ihrer „Gartenschule" weiter. Die Grüne Passion hat auch in der Familie ihres Mannes – Vita Sackville-Wests und Harold Nicolsons Enkel Adam – Tradition

KÜRBIS GANZ KÖSTLICH „Zwicken Sie die Triebe aus", ermuntert die Köchin. „Fünf Minuten in Salzwasser gekocht und mit Olivenöl serviert, schmecken sie delikat." Zudem wird so der Ranker zum Fruchten animiert

ERQUICKLICH
Perch Hill besteht aus verschiedenen Gartenräumen. Der Nutzgarten am Hang ist einer davon. Beete voll Erdbeeren, Kapuzinerkresse und Gemüse feiern jeden Tag in der Saison Erntedank

ZU GAST IN SARAH RAVENS KÜCHENGARTEN

Ein Königreich

... für Kürbis, Zucchini und anderes Gemüse. Im südenglischen East Sussex zieht Sarah Raven nicht nur alle erdenklichen Obst- und Gemüsearten heran, sondern erhebt die Zutaten für ihre Kochkünste auch in den Adelsstand der Gartenkunst

87

„IM WINTER-GARTEN" lautet die Adresse für alle Gewächse, die sich dem englischen Klima nicht schutzlos ausliefern wollen. Hin und wieder sind das auch schon mal Zweibeiner, die den Blick in die sanft geschwungene Hügellandschaft genießen

EINE AUGEN-WEIDE ist die Laube aus den biegsamen Weidenruten. Ihre Lebenskraft treibt immer wieder durch. Rankender Kapuzinerkresse dient das Gerüst als Kletterhilfe und lässt Blüten in Pflückhöhe blühen

Sarah Raven ist auf Vergnügungsjagd: Sie hält Ausschau nach reifen Tomaten, taxiert die Größe der Zucchini, sammelt ein paar essbare Blüten an der mit Kapuzinerkresse berankten Weidenlaube und nimmt die Auberginen ins Visier. Der Erntegang durch den etwa 8 000 Quadratmeter großen Garten „Perch Hill" in East Sussex gehört bekanntlich zu einem ihrer größten Vergnügen, und Jagd macht die Gartenexpertin auf alte und ausgefallene Gemüsesorten.

Am Abend können ratsuchende Gleichgesinnte sie in ihrer zweiten Gartenwelt erleben. Dann geht Sarah Raven in der BBC mit „Gardeners' World" auf Sendung. Heute könnte sie, inspiriert von der Tomatenernte im eigenen Garten, vom puren Geschmack des Sommers erzählen. „Meine Lieblings-Cherry-Tomate ist die gelborangefarbene 'Sungold', verrät der Gartengourmet. Zum Kochen aber bevorzugt sie die trocken strukturierten, fast samenlosen, pflaumenförmigen Tomaten.

Kochen – das ist ihre große Leidenschaft. Das Besondere an ihren Rezeptideen sind die erntefrischen Früchte und das selbstgezogene Gemüse. „Man kann nicht behaupten, dass das nicht zeitaufwändig ist", räumt die Autorin erfolgreicher Koch- und Gartenbücher ein, „aber es ist ein Weg, glücklich zu sein, sich etwas dabei zu denken und Handarbeit und Kreativität einfließen zu lassen." Nehmen wir das Beispiel Salat. Anstatt sich über geschossene Salatköpfe zu ärgern, streift Sarah Raven alle Blüten ab und mischt sie als süße Delikatesse unter den gemischten Salat. „Ich liebe essbare Blumen", schwärmt die Genießerin kugeliger Zwiebelblüten, doldiger Dillkrönchen und blauer Borretschsterne. Sie liebt auch Borlotti-Bohnen: „Sie sehen so stattlich aus, dass man sie schon allein um ihrer Schönheit willen im Garten haben möchte." Selbst von Zucchini, über die viele Leute sagen, sie seien ihrer überdrüssig, schwärmt die Gemüsekennerin: „I love them." Liebe geht

SCHÄFCHEN ZÄHLEN muss Sarah Raven nach ihren ausgefüllten Arbeitstagen zwischen Funk und Fernsehen, Schreibtisch und Gartenpraxis sicher nicht. Aber träumen lässt es sich in dem als originelles Gartenhäuschen umfunktionierten Schäferwagen bestimmt wunderbar

88

MEHRGANG-MENÜ
Die dekorativen Holzgatter teilen die einzelnen Bereiche in abgeschlossene Einheiten. Zur Strukturierung der Beete wird Buchs in Form gebracht

Sarah gilt in Gärtnerkreisen als kreatives Energiebündel

89

NOCH IST DIE TOMATE
unreif. Doch schon bald wird die Fleischtomate, frisch gepflückt, ihren unverwechselbaren Geruch ausströmen. „Je ätzender sie riechen, ja fast giftig, umso besser", meint Sarah Raven. Schließlich gehören Tomaten zu den Nachtschattengewächsen

UFOS GELANDET?
Die als Fliegende Untertasse bekannten Kürbisse wurden schon im 16. Jahrhundert nach Europa eingeführt. Die einst von den amerikanischen Ureinwohnern kultivierten alten Sorten treffen den Zeitgeschmack. Wie die grünen Panzerbeeren sind sie umso aromatischer, je kleiner man sie erntet

bekanntlich durch den Magen. Doch neben einem Dutzend Gerichten von Zucchini-Soufflé bis -Chutney, die die Köchin aus ihren drei verschiedenen Sorten zaubert, ist es vor allem die Farbzusammenstellung im Garten, die Appetit auf dunkelgrüne 'Defender', hellere 'White Defender' und leuchtend gelbe 'Taxi' macht. Schmackhafte Zutaten heranzuziehen beginnt für Sarah Raven bei der Gartengestaltung. Ein Paradebeispiel sind die zwischen dicken Kohlköpfen und palmartigen Grünkohlwedeln aufgestellten vertikalen Turmspitzen des Lauchs. „Lauch ist einfach zu ziehen und sieht super aus", lehrt die auch als Floristin gefeierte „Gardenlady".

Die Schönheit des Einfachen hat es ihr seit Kindertagen angetan. „Unsere Ferien im italienischen Veneto führten mich in das farbenfrohe Spektrum mediterraner Gemüses ein", erinnert sich die Engländerin. Seitdem

ERINNERUNG AN ITALIEN
'Borlotto Lingua di Fuoco' heißt eine beliebte Stangenbohnensorte mit besonders kunstvoller Maserung. Sarah Raven schätzt sie wegen ihrer Sämigkeit und des sahnigen Aromas – „das ist genau das, was man braucht, wenn das Wetter kühler wird"

genießt sie den direkten Weg vom Garten in den Kochtopf und die ländliche Art, „Früchte und Gemüse ins Zentrum jeder Mahlzeit zu stellen". Die Erinnerung an überbordende Markttische voll Artischocken und Rosmarin ließ sie erst ruhen, als sie vor zehn Jahren ihren eigenen „Marktplatz" auf der Perch Hill Farm eröffnete. Seitdem tut sie, was sie ihren Zuhörern und Lesern so praxisnah beibringt. Sie schnappt sich die größte Schüssel, die sie in ihrer Küche finden kann, und geht auf Kürbis-Pirsch. Bis zum Kochtopf-Rendezvous türmen sich orangegelbe Panzerbeeren und flaschengrüne Langhälse als Stillleben zur Bewunderung auf dem Tisch. Die kapitalsten Trophäen des Gartenjahres aber haben ihren besonderen Platz: Sie kommen als Samen der bewährtesten Sorten wieder in die Erde. Denn schon im Frühjahr soll ja die nächste „Treib"-Jagd beginnen.

RHABARBER-KRÖNUNG
Zu dieser Jahreszeit stehen die Rhabarber-Forcer zur Zierde im Garten. Im Februar schützen und bleichen die Tontöpfe die austreibenden Stängel der „Wunderpflanze". Sarahs Tipp im Herbst: „Räumen Sie die Rhabarberblätter erst ab, wenn sie braun und verwelkt sind."

SALAT-PARADE
'Black Seeded Simpson' trug seines feinen, süßen Geschmacks wegen schon öfter den Sieg im internen Wettbewerb der Salatsorten davon. Weitere Favoriten sind 'Little Gem' und 'Cos Lobjoits'. 'Reine de Glace' schätzt Sarah „sautiert mit Schinken und Erbsen"

MATERIAL-WAHL
Ob ein mit Ziegelstein gepflasterter Gartenweg oder die aus Weidenruten geflochtene Begrenzung, alle im Garten verwendeten Materialien strahlen Ästhetik aus. Schließlich gilt überall Sarahs Philosophie: „Ich fühle mich schönem Gemüse verpflichtet."

~ ERNTETIPPS ~
„Heben Sie Tomaten nicht im Kühlschrank auf", rät Sarah Raven, das reduziere den Geschmack. Bei ihr liegen sie auf einem Teller im Zimmer. Von Kürbissen verarbeitet sie nicht nur das Fleisch, sondern hat auch eine gute Idee für die Kerne: „Getrocknet und mit Salz geröstet sind sie ein leckerer Snack." Besser als Kürbisblüten mit einem oft bitteren Beigeschmack seien Zucchiniblüten – „in Butter ausgebacken, mit Zitronensaft und Parmesan gereicht." Borlotti-Bohnen fruchten am besten in ungedüngtem Boden. Geerntet wird, sobald die Schoten von Grün zu Cremefarben übergehen

ZIERDE UND NUTZEN
vereinen sich im grünen Reich von „Sarah Ravens Garten- und Kochschule". Kursteilnehmer lernen auch, essbare Blumen in den Speiseplan einzubinden. Größere Blüten wie Dahlien werden nicht als Ganzes verkostet, sondern nur ihre gezupften Blütenblätter

Alles Grün der Welt
in einem Garten

WIE IM URLAUB
„Ihr braucht gar nicht in die Ferien zu fahren", sagen ihre Freunde. Anne und Rolf Fischer haben sich im westfälischen Beckum ihr Paradies eingerichtet. Aus jedem Fenster ihrer Villa blicken sie ins Grüne

ENTDECKUNG
„Ich zeig dir eines der schönsten Häuser von Beckum", hatte der gebürtige Westfale seiner Frau vor Jahren versprochen. Später stand es zum Verkauf, und heute gehört den beiden der Traum von damals

Eingebettet in die historische Parklandschaft Westfalens liegt das Anwesen von Anne und Rolf Fischer: ein verträumtes Idyll mit hundert Jahre alten Bäumen. Sparsame gestalterische Eingriffe genügten hier, um ein großes Ganzes zu schaffen

MARMOR, STEIN UND EISEN
fügen sich harmonisch zur Sitzgruppe. Die Sandsteinfüße des Tisches wurden nach antiken Vorbildern entworfen. Die Marmorplatte lässt sich gut von Blättern und Schmutz reinigen

SIESTA
Am See, der sich weit nach hinten erstreckt, gibt Willy sich dem Anfang aller Laster hin und liefert ein exzellentes Beispiel für den sinnigen Umgang mit Freizeit

EINE RUNDE SACHE
ist die gepflasterte Fläche vor dem Haus. Die niedrige Mauer bildet den Rahmen und einen stufigen Übergang zum angrenzenden Hang

Sie scheinen bis an die Wolken heranzureichen – die Kastanien an der Allee zur Dyckerhoff-Villa. An einem bis dahin herbstlich düsteren Samstagvormittag reißen sie den grauen Vorhang über Beckum auf. Rigoros – schließlich sind die Baumriesen von westfälischem Schlag – und gleichzeitig sehr liebenswürdig, denn sie verhelfen dem Spätsommer zu einem leuchtenden Auftritt im Park von Anne und Rolf Fischer: Die Sonne blinzelt durch die Laubdächer. Ein Eichhörnchen huscht in geschmeidigen Sprüngen über den Weg. Und die Luft, eine Mischung aus vergehender Wärme und kommender Frische, schimmert in allen Grünschattierungen von Hainbuchen, Ulmen, Zuckerahorn, Robinien, Grauerlen und Eichen. Über hundert Jahre alt sind die meisten der Bäume. Als die Fischers das Anwesen, das ehemals zum Betriebsgelände der Zementwerke Dyckerhoff gehörte, vor Jahren kauften, standen hier nur das Haus und diese ehrwürdigen Giganten. Und in die hat sich das Paar sofort verliebt.

Die Villa mutet wie ein südfranzösisches Château an: cremefarben getüncht, klassisch, elegant. Links und rechts neben dem Eingang bieten Sitzbänke ihre gastfreundschaftlichen Dienste an. Und durch die halb offene Tür schiebt sich ein frecher Blondschopf nach draußen – schwarze Nase voran. Nichts und niemand könnte dem Golden Retriever entge-

Eine Insel der Zufriedenheit

hen. Er verschwindet kurz, dann kommt er zurück und begrüßt den Besucher mit seinem ganz eigenen Sinn für Charme: mit einem Teddy im Maul. „Unser Willy", stellt Rolf Fischer ihn vor, „der ist schon ein lustiger Vogel." Beim Spaziergang durch den Park weicht Willy nicht von der Seite. Höchstens ein Eichhörnchen kann seine Aufmerksamkeit ablenken. Es gibt hier so viele, dass die Fischers noch nie von der reichen Ernte ihres Walnussbaums profitiert haben. Von den Haselsträuchern ganz zu schweigen.

Vom Haus führen ein paar Stufen zum See hinunter. Das Ufer ist mit Lilien und Sumpfdotterblumen wild verwachsen. Im Wasser schwimmen Aale, Karpfen und Forellen, die noch aus der einstigen Nutzung durch den Angelverein des Zementwerks stammen. Und der Bootssteg, ausgestattet mit Rattansesseln und Marmortisch, wirkt einladend wohnlich. „Immer, wenn wir von einer Reise zurückkommen, freuen wir uns darüber, was wir geschaffen haben", sagt Anne Fischer. Die Inneneinrichterin und ihr Mann, der die Firma der beiden managt, sind beruflich oft unterwegs. Ein Gärtner hilft bei den anfallenden Pflegearbeiten. Ohne ihn wäre das insgesamt mehr als fünf Hektar große Areal einschließlich des zugehörigen Wäldchens auch nicht zu bewältigen.

STIMMUNGSVOLL
Vom Bootssteg aus genießen die Fischers ihr Gartenreich am liebsten. Tagsüber spenden die Bäume angenehm kühlen Schatten. Abends bricht sich das Licht antiker Laternen, die an den Ästen hängen, im Wasser

UNGEDULDIG
Der Putto besetzt als Eckelement den Zugang zu einem Sitzplatz und hält Ausschau nach Müßiggängern, die sich in seinem Reich niederlassen wollen

EINLADEND
Die rustikalen Steinbänke bieten genug Platz für eine größere Tafelrunde. Schließlich wird hier mit Freunden gefeiert und an lauen Abenden auf den Feuerkörben gegrillt

IN TÖPFEN
aus Gusseisen ist die Natur zu junger Reife gelangt: Die Hortensien haben schon eine leichte Patina angesetzt. Zusammen mit den grünen Äpfeln auf dem Tisch ein hinreißendes Arrangement

SPUREN DER ZEIT
haben sich deutlich in die Oberfläche der beiden Amphoren eingeschrieben. Anne Fischer liebt diesen morbiden Charme: „Ich finde es schön, wenn nicht alles wie neu aussieht"

WANDELBAR
Der ausrangierte Holztisch hat seine neue Bestimmung als Regal für Pflanzen gefunden. Im Sommer stehen hier die Kräuter – gleich neben der Grillstelle immer griffbereit

INNEHALTEN
Der aufmerksame Flaneur trifft hinter
Busch oder Baum immer wieder auf
Überraschendes – wie die antike Urne,
die einen Hauch Melancholie verbreitet

AUSBLICKE
Das Eingangstor,
flankiert von Buchs-
Solitären. Oben
rechts: Vor dem
Gartenhäuschen mit
seinen verwitterten
Farben liegt ein
Teppich aus Efeu

Edle Schlichtheit und stille Größe

DIE PERFEKTE KUGEL
ist ein dominantes Gestaltungsmittel.
Stets zieht sie die Blicke auf sich – zu
mehreren rings ums Haus gepflanzt
genauso wie einzeln im Topf

Eines würde sich Anne Fischer jedoch auf keinen Fall nehmen lassen: die Auswahl der Blumen. Das ist ganz allein ihre Domäne. Stilsicher beschränkt sie sich dabei auf große, füllige Hortensien in Blau und Altrosa. Die Schalen und Töpfe auf den Tischen, die an ausgewählten Stellen den Park möblieren, bepflanzt sie jedes Frühjahr neu. Im Herbst werden dann die abgeblühten Büsche in Gruppen unter die Bäume gesetzt. „Kleine, zarte Blumen würden in unserem Garten völlig untergehen", sagt sie. Und außerdem passe das schlichte Wesen der Hortensien gut ins Gesamtkonzept, fügt Rolf Fischer hinzu: „Alles ist ganz einfach gehalten – und genau deswegen unheimlich nobel."

Die Höhen und Tiefen des Geländes, der See und die Bäume prägen den landschaftlichen Charakter, den das kreative Paar bei der Gestaltung keinesfalls stören wollte. „Anderswo ist sofort offensichtlich, was Menschenhand gewesen ist – bei uns nicht", sagt Rolf Fischer. Fließend geht der Park in den umgebenden Wald über. Die neu angelegten Kieswege schwingen sich sanft ums Haus und durch die Rasenflächen. Buchs- und Taxuskugeln sind die einzigen formalen Elemente, die Eingang in das naturnahe Gartenbild gefunden haben. Die Strenge ihrer Geometrie wird jedoch zurückgenommen, indem sie in Gruppen mit unterschiedlich großen Formen gepflanzt oder zwanglos und leger auf den Rasen gestreut sind.

Gelassenheit – das ist etwas, womit auch Golden Retriever Willy einiges anfangen kann. Der Länge nach fläzt er sich auf den Bootssteg und lässt sich von der spätsommerlichen Sonne den Pelz wärmen. „Eigentlich sitzen wir hier viel zu selten mit einer Flasche Wein", fällt Anne Fischer bei der Gelegenheit auf – und schon ist ein fabelhafter Vorsatz gefasst.

HÖCHST ZUFRIEDEN
Ein Schläfchen in Ehren – es sei dem Hund des Hauses gestattet. Nicht einmal ein Eichhörnchen könnte ihn jetzt aus der Ruhe bringen

IM EINKLANG
Das Muster in der Rückenlehne des Stuhls korrespondiert mit den grünen Gitter-Säulen (oben), die das Vordach über dem Eingang zur Villa tragen

Die Verbindung der Natur mit zwangloser Gestaltungskunst war die gärtnerisch-philosophische Maxime, die sich im 18. Jahrhundert von England aus den Weg bahnte. Der erste bedeutende englische Landschaftsgarten auf europäischem Festland entstand in Wörlitz

NOBLE HOFKÜCHE
Kein Schloss ohne fürstliche Diners – die Vorbereitungen fanden jedoch zur Schonung adliger Geruchsempfindungen im abseits platzierten Küchengebäude statt. Über einen unterirdischen Gang gelangten die Speisen auf die Tafel

LUSTWANDEL UND BILDUNGSREISE

Spaziergang im Wörlitzer Gartenreich

SCHÖNGEIST
Oben: Fürst Leopold Friedrich Franz (1740–1817) schuf in Anhalt-Dessau das Gesamtkunstwerk Gartenstaat. Aus dem Vorbild der Natur bezog er neben Parkentwürfen auch Impulse für Landwirtschaft, Verwaltung und Rechtsprechung

DIE ROUSSEAU-INSEL empfängt den Besucher symbolisch am Westzugang der Wörlitzer Gärten. Sie ist dem berühmten Aufklärer Jean-Jacques Rousseau gewidmet, dessen Eintreten für Individualität und für das Natürliche Fürst Franz bewunderte

„HIER IST'S JETZT UNENDLICH SCHÖN...",
schwärmte Goethe bei einem Besuch 1778

DAS GOTISCHE HAUS hat zwei Gesichter: Der Gartentrakt aus Backstein mit weißen Putzgliederungen ist vom englischen Tudor-Stil geprägt. Die Kanalseite zitiert die venezianische Kirche Madonna dell'Orto

INSZENIERTE DURCHBLICKE Nicht von überall aus ist auch alles sichtbar. Je nach Standpunkt eröffnen sich lange Sichtachsen – wie hier durch eine Baumschneise, die am Wasserlauf entlang führt und den Blick zur Synagoge freigibt

ROTE ÄPFELCHEN sind auf Blättern zum schlichten Stillleben gebettet, so dass man sie beinahe übersehen hätte. Fürst Franz erprobte seinerzeit in den Anlagen eine Vielzahl neuer Obstsorten. Im pomologischen Kabinett sammelte er Wachsmodelle von Früchten sowie entsprechende Fachliteratur

Drei Tage fast ununterbrochener Regen hängt den Eichen trotzig in den Zweigen, als die auferstehende Septembersonne ihr Leuchten mit dem Gelb der Blätter verbündet, um gegen die dunkle Wolkenfront zu rebellieren. Leise raschelnden Schrittes streift man durch die herb duftende Luft am windzerzausten Wörlitzer See und bald taucht die Muschelsucherin steingrau aus buntem Laub auf, ihr Blick so unergründlich wie seit über 200 Jahren. Als man wenige Minuten später das Schloss erreicht, ist man noch immer keiner Menschenseele begegnet. Dann aber – am Sommersaal des Küchengebäudes – promenieren vor dem inneren Auge einige feudal herausgeputzte Gäste des 18. Jahrhunderts. Träume von fernen Zeiten und einem eben erst verstrichenen Sommer. Bis vor kurzem wähnte man sich im sonnig-warmen Wörlitz noch in ein römisch-arkadisches Landschaftsgemälde versetzt. Schlank emporragende Pappeln täuschten südliche Zypressenwälder vor und eine Gondelfahrt durch die Kanäle verwandelte die Elbauen in venezianische Gefilde. Gleitet das Boot jedoch an einem rauen Herbsttag an der Insel „Stein" vorüber, einer Nachbildung der Gegend um Neapel einschließlich Vesuv, so wirken die Felsen von weitem und im Angesicht düsterer

Skulpturale Allegorien

IN SICH GEKEHRT lagert die Muschelsucherin am See, der sich in Blickrichtung ausbreitet. Fast meint man zu spüren, wie sie sanft zum Innehalten bewegt, damit man die verwunschene Ansicht eines Tempels am anderen Ufer wertschätze

Historische Anleihen

~ NEUGOTIK ~

Im 18. Jahrhundert gerieten die Stile der Vergangenheit wieder in Mode. Während der Klassizismus die „edle Einfalt" und „stille Größe" der Griechen repräsentierte, stand die Neogotik für das mittelalterlich Mystische, für den Schauer vor dem Erhabenen. Man verband das Gotische mit dem Wachstum der Natur, indem man seine verzweigten Spitzbögen und Gewölbe mit Baumwipfeln verglich

„... MAN STREICHT HERUM OHNE ZU FRAGEN, WO MAN AUSGEGANGEN IST UND HINKOMMT"

SCHÄFERROMANTIK und Ackerbau, Wiesen und Zuchtfelder fügen sich ohne Abgrenzung ebenso selbstverständlich ins anhaltische Arkadien wie das Schloss oder die Götterfiguren

DIANA MIT IHREM JAGDHUND durchwandert einen Hain aus Pappeln, Ulmen und Ebereschen und geht dabei ganz in dem mythologisch-lehrhaften Skulpturenprogramm des Parks auf. Vor ihr die „Weiße Brücke" im Stil Palladios

Constable-Wolken fast wie schottisches Küstenland. Wörlitz – das „England an der Elbe" und „Venedig Anhalts" – ist durch und durch eine Reiselandschaft. Architektur und Skulpturen wurden meist Eindrücken aus Italien entnommen. Vorbild für die Gesamtkomposition war der englische Landschaftsgarten, den der anhaltische Fürst Leopold III. Friedrich Franz von seinen Exkursionen auf die Britischen Inseln kannte. Ein Gartentypus, der im 18. Jahrhundert zugleich ein Weltbild widerspiegelte: die moderne Bewegung der Aufklärung. Der Ruf nach Freiheit, Bildung und Rückkehr zum Ursprünglichen stand gegen die beengenden Reglementierungen des Absolutismus. Naturwüchsigkeit gegen Buchspyramide. Die Öffnung des Gartens zur Landschaft wider salutierende Hecken in Barockmanier.

Jene Gedanken stießen bei Franz auf größte Begeisterung. Und so kam es, dass ein ganzes deutsches Fürstentum in ein Gartenreich nach dem Modell englischen Landlebens umgestaltet wurde. Man bepflanzte die Straßen mit Obstbäumen, importierte aus England neue Pflanzensorten, Ackerbaumethoden

UNERWARTETE POINTEN – wie die Urne, die scheinbar zufällig inmitten der ungezwungen wirkenden Baumgruppe platziert ist – kennzeichnen bei aller Naturnähe, dass schöpferische Gestalter am Werk waren

und das Horaz'sche Prinzip der Schönheit bei gleichzeitiger Nützlichkeit. Ausgangs- und Mittelpunkt der Arbeiten war der Wörlitzer See, wo 1769–73 das von Erdmannsdorff entworfene Schloss im klassizistisch schlichten Stil errichtet wurde. Schrittweise legte man fünf Gartenbereiche an, punktierte sie mit zahlreichen Sensationen, die nach einer Wegbiegung, einer verdeckenden Baumgruppe plötzlich die Aufmerksamkeit anziehen. Tempelbauten, Statuen, Gemäldesammlungen, ein pomologisches Kabinett, Musterfelder, Kultur und Landschaft von Italien bis England, von der Antike bis zur Aufklärung konnte der Besucher gehenden Fußes in kürzester Zeit erkunden – auf dass das Reisen bilden möge. Ein pädagogisches Programm des Fürsten, das man heute bei verschiedenen Führungen nachvollziehen kann. Solchermaßen bereichert, wird der Gartenstaat dem Reisenden zur märchenhaft erzählenden Umgebung, in der jedes Detail ungeahnte Beziehungen zu allen anderen Dingen entfaltet. Immer wieder. Und zu jeder Jahreszeit aufs Neue.

GONDELSTATION

„Hat man am Morgen die vorzüglichsten Partien zu Fuße durchstrichen, so kann man bei der Wasserfahrt nachmittags … das gelesene Buch der verschönten Natur noch einmal Blatt für Blatt mit Bequemlichkeit umwenden" – so die heute noch wie 1797 gültige Empfehlung

DAS GARTENREICH ~ DESSAU-WÖRLITZ ~

Die „Landesverschönerungsmaßnahmen" des Fürsten Leopold Friedrich Franz umfassten seinerzeit mit 700 km^2 fast das gesamte Territorium seines Herrschaftsgebietes Anhalt-Dessau. Mittlerweile erstreckt sich das Gartenreich, das zum Weltkulturerbe der UNESCO zählt, immer noch auf 142 km^2 zwischen der ehemaligen Residenzhauptstadt Dessau und dem Herzen der Kulturlandschaft in Wörlitz. In zeitlicher und künstlerischer Nähe zu den Wörlitzer Anlagen entstanden der Georgengarten und das Luisium. Die damals bereits bestehenden Ensembles in Oranienbaum und Mosigkau wurden um 1800 harmonisch, teils mit Veränderungen und Erweiterungen nach Maßgabe englischer Gärten, in das Konzept eingebunden. Landesweit kamen Ackerfluren, Streuobstwiesen, naturbelassene Elbauen und Alleen hinzu, die das historische Ideal des Gartenstaates nach wie vor so lebendig erhalten wie in seinen Blütejahren.

DIE WICHTIGSTEN ZIELE IM ÜBERBLICK

~ ORANIENBAUM ~

Die einstige Residenz der Oranierin Henriette Catharina aus den Niederlanden, Urgroßmutter von Fürst Franz, bildet den barocken Gegensatz zum englischen Landschaftsprinzip in Wörlitz. Der Park, das Schloss und sogar die Stadt Oranienbaum wurden 1683–98 nach den Regeln der Geometrie auf dem Reißbrett entwickelt. Die Orange als Wappensymbol der Oranier zierte neben anderen Kübelpflanzen die Wege und Plätze. Zur Belebung ihrer Zucht errichtete man Anfang des 19. Jahrhunderts eine Orangerie, deren Länge von 180 Metern einen stattlichen Ausnahmecharakter besitzt. Einzigartig, sogar weltweit, ist auch der Englisch-chinesische Garten mit Teehaus und Pagode – eine Ergänzung des Fürsten Franz.

~ MOSIGKAU ~

Wie der Barock in Oranienbaum fügte sich auch die Mosigkauer Rokokopracht nicht widerspruchsfrei ins aufgeklärte Gartenbild, und so fand ab 1805 eine umfängliche Anglisierung statt. Trotzdem ist vieles original erhalten, zum Beispiel die Kleinteiligkeit von Garten und Bauten im Sinne des „Lustschlosses", das größten Wert auf Intimität legt und entsprechend bescheiden bei den Äußerlichkeiten ist – in der Einrichtung und im Park dagegen verspielte Raffinesse zeigt. Letztere beweisen heute noch das Heckenlabyrinth und die Kegelbahnen.

~ LUISIUM ~

Vor den Toren Dessaus beglückt ein idyllischer Landsitz den Besucher mit der Einladung, in ein kleines privates Reich abseits des Weltenlaufs einzutreten. Auf einem Hügel gelegen, ist die klassizistische Villa – ein Meisterwerk Erdmannsdorffs und Geschenk des Fürsten Franz an seine Gemahlin Luise – der Höhepunkt des Anwesens. Von hier aus schweift der Blick über Wiesen und durch alte Jagdschneisen, zum Pegasusbrunnen, zu den Gestütsgebäuden und einer bukolischen Weidelandschaft mit Schafen und Pferden. Das neogotische Schlangenhaus, ursprünglich ein Gartenpavillon, kann ganzjährig als Feriendomizil bewohnt werden.

~ GEORGIUM ~

Mit seiner Weitläufigkeit, den abwechslungsreichen Gartenszenen und klassizistischen Architekturen wirkt der Georgengarten nördlich von Dessau wie eine Fortsetzung der Wörlitzer Anlagen. Kaum verwunderlich: Handelt es sich beim Bauherren Prinz Johann Georg doch um Franz' Bruder, der einige fürstliche Mitarbeiter in Dienst nahm, insbesondere den Architekten Erdmannsdorff sowie die Gärtner J. G. Schoch und Eyserbeck.

Gräser – Spielgefährten des Windes

Ziergräser fächern beschwingte Leichtigkeit in den Garten, ziehen transparente Vorhänge ins Beet ein und stehen mit ihren immergrünen Vertretern für das Prinzip Hoffnung. Wer wollte bei dieser Vielfalt auf die eleganten Stimmungsträger verzichten?

GRÄSER WIRKEN NATÜRLICH

Daher sind sie der ideale Gegenpart zu statischen Gartenaccessoires. Die Eisenbank vor den biegsamen Gräserhorsten der Rasenschmiele (Deschampsia cespitosa 'Goldtau') dokumentiert die verblüffende Wirkung von Kontrasten

GRÄSER GLEICHEN AUS

An Treppenstufen platziert, verwischen die bogigen Blütenhalme des Silberährengrases (Achnatherum calamagrostis) harte Kanten. Der mit harten Kieseln bedeckte Weg wirkt durch die sich wiegenden, lichtdurchfluteten Gräser weich und fließend

WO'S RASCHELT, DA LASS DICH NIEDER
Weht ein Windhauch durchs Gras, erinnert das Rascheln an Bachgeplätscher. In so beruhigendem Ambiente, lassen sich die letzten schönen Herbsttage herrlich genießen. Noch flüstern die Gräser. Erst wenn sich das sanfte Rascheln in zischelndes Wispern eisiger Winterwinde verwandelt, wird's Zeit, den Grasgarten vom Haus aus zu betrachten (im Bild: *Miscanthus* 'Silberfeder)

Als Getreide begleiten Gräser den Menschen seit Urgedenken. Heute stillen Hafer und Hirse den Hunger nach Ziergräsern für stimmungsvolle Gärten

Was verbindet den Liebhaber natürlicher Gartengestaltung mit Bäckern, Ägyptologen und Strohhutträgern? Gras! Egal, ob man sich für die grazilen Spielgefährten des Windes im Garten begeistert, Brot backt, Papyrus-Rollen entziffert oder sich mit einem Hut gegen die Sonne schützt – in allen Fällen sind Gräser mit im Spiel.

Wie vielfältig Gräser im Garten zu verwenden sind, zeigt ein Blick in ihren Steckbrief: Suchen Sie das geeignete Gras für vollsonnige, weitflächige Anlagen, sind Steppengräser wie Rutenhirse (Panicum) und Goldbartgras (Sorghastrum) das richtige. Mit den Präriegräsern lässt sich ein Stück Freiheit in den Garten holen. Steht Ihnen der Sinn nach einem romantischen Stimmungsträger am Sitzplatz, schirmen hohe Chinaschilf-Sorten (Miscanthus) auf natürliche Weise ab und spielen Flüsterpost mit dem Wind. Schon der kleinste Luftzug bringt die Wedel großer Gräser zum Klingen. Geschmeidige Fächergräser wie Pfeifengras (Molinia) verschleiern Gartenpartien auf subtile und geheimnisvolle Weise und erhöhen damit den Reiz, die halbtransparenten Räume Stück für Stück zu entdecken.

～ GRASGRÜN IN VARIATIONEN ～

Gras – das klingt nach saftigen Futterwiesen, makellosem Rasenteppich und nach sehr viel Grün. Doch die Farbpalette der Ziergräser ist überraschend variationsreich. Von gelb gestreiftem Stachelschweingras (1) über Blauschwingel (2) bis zu panaschierten Arten wie dem mattenbildenden Japanwaldgras (3) treiben es auch Gräser bunt. Neutrale grüne Gräser wie Festuca mairei (4) sind als Vermittler in der Rabatte gefragt. Die Tönung gibt häufig Aufschluss über die Standortansprüche. Dunkelgrüne Arten bevorzugen es meist feucht, hellgrüne schattig und solche mit intensiver Herbstfärbung lieben es sonnig.

① Miscanthus sinensis 'Strictus'
② Festuca cinerea 'Blauglut'
③ Hakonechloa Macra 'Aureola'
④ Festuca mairei

Rispen wispern und rascheln

EXOTISCHES FLAIR EINFANGEN
Die sprudelnden Blütenstände des Chinaschilfs (Miscanthus 'Undine') scheinen die feurige Wirkung der Canna-Sorte 'Schwabenstolz' noch anzuheizen. Sommerliche Wachstumskraft spricht aus der strotzenden Kombination von meterhohem Gras und üppigem Sommerflor

Beschwingte Naturtalente

LICHTSPIELE MIT GRÄSERN

Gräser sind oft so filigran, dass sie viel Licht durchlassen. Besonders wirkungsvoll sind gelbgestreifte Sorten wie das Chinaschilf 'Goldfeder', das im übrigen langsam wächst und darum auch für kleine Gärten gut geeignet ist

STANDFESTE GRÄSER ALS RÜCKGRAT
der Sommerblumenrabatte bilden ein dauerhaftes Grundgerüst. Kaskadenartig baut sich der Sommerflor im Sichtungsgarten Weihenstephan vor den mehrjährigen Chinaschilf-Sorten (Miscanthus sinensis) auf, durchkämmt vom Wolligen Federborstengras (Pennisetum villosum)

Gräser können gleichermaßen als Rückgrat einer Pflanzung fungieren. Als senkrecht aufragende Strukturpflanzen, die bis in den Winter die Stellung halten, sind sie fast unentbehrlich. Interessanterweise vereinigen viele Gräser mehrere Strukturen in sich. Einige Chinaschilf-Sorten beispielsweise zeigen vertikal aufstrebende Blüten über pendelndem Laub. Der Wind als Choreograf wirbelt die Strukturen zuweilen durcheinander. Aus vertikalen Kolossen, die bei Windstille Schwere und Bodenständigkeit verkörpern, werden bei Luftbewegungen Symbole der Leichtigkeit, die sich sanft zur Seite wiegen.

Viele Ziergräser präsentieren sich im Herbst in Bestform. In seinem Weizengelb tritt beispielsweise Gartensandrohr (Calamagrostis x acutiflora) im immer spärlicher blühenden Beet hervor. Wie erwartet, holen in der Disziplin „Herbstfärbung" die Favoriten Rutenhirse (Panicum virgatum 'Hänse Herms') in ihrem leuchtenden Orangerot die Bronzemedaille, Chinaschilf (Miscanthus sinensis 'Graciella') Silber und Riesenpfeifengras (Molinia arundinacea 'Windspiel') Gold.

KOSTBARKEIT FÜRS SCHATZKÄSTCHEN
3 Die noch wenig bekannte Seggen-Sorte (Carex comans 'Frosted Curls') besticht durch ihre langen Wedel. Als Einzelstück im Topf oder in Blumenkastenarrangements ist das neuseeländische Gras bestens aufgehoben. Wegen der beschränkten Frosthärte wird es wie eine Einjährige behandelt und eignet sich für sonnige wie halbschattige Plätze

~ DER STOFF AUS DEM DIE BLÜTEN SIND ~
Textur ist ein Begriff, der die Oberflächenqualität einer Pflanze bezeichnet und in der Gartengestaltung immer wichtiger wird. Damit gewinnen Gräser an Bedeutung. Sprühend und wie aus Silbergarn gesponnen, zeigen sich die Wunderkerzen-Blüten des Chinaschilfs (1). Mit weichen Flaschenbürsten vergleicht man die Blütenstände des Lampenputzergrases (2), und an seidige Federbüsche erinnert das Pampasgras (4). Fein texturierte Grasblüten lassen sich eindrucksvoll mit grob texturierten Blattschmuckstauden kombinieren.

① Miscanthus Sinensis

② Pennisetum alopecuroides

③ Carex comans

④ Cortaderia Selloana 'Pumila'

In einer romantischen Landschaft haben
wir Rosendecke und Tafelsilber ausgepackt und
zwanglos arrangiert – für eine gemütliche englische
Teestunde im Grünen, deren Farbmotto das
pudrige Rosa der Heideblüte ist

Picknick in der Heide

KULISSE
Farblich aufeinander abgestimmt, finden sich die rauchigen Rosénuancen der Heide in der Steppdecke wieder, die zum gemütlichen Niederlassen einlädt. Glänzendes Silber und ein rustikaler Korb ergänzen das Ensemble und machen einfach Lust auf eine ausgedehnte Schlemmerstunde

CHEERS!
Ein Glas Portwein oder der beliebte Cocktail „Pimms No. 1 Cup", der schon fast ein Muss für ein englisches Picknick ist, eignen sich hervorragend, um nach kulinarischem Genuss den Tag ausklingen zu lassen

FEINKOST
Hier darf jeder zugreifen. Pikant belegte
Sandwiches mit Gurke, Ei oder Kresse und
süßes Gebäck und Plätzchen sind einladend
auf der Silberetagere arrangiert

NATUR
Eine idyllische Szenerie mit Kiefern, Birken,
Wacholder und dem robusten, die Landschaft
violett-rosa einfärbenden Heidekraut bilden den
Hintergrund für ein kulinarisches Stelldichein

GENUSS
Mit leicht gesalzener Butter und selbstge-
machter Erdbeermarmelade sind die zum
Dreieck geschnittene Toastscheiben eine
Delikatesse zur heißen Tasse Earl-Grey-Tee

Picknicken kann man überall dort, wo die Natur einladend und es erlaubt ist. Ein legeres Vergnügen, zu dem jeder etwas mitbringen kann, wobei der ganz besondere Charme sich dann entfaltet, wenn Accessoires und Leckerbissen auf die Landschaft abgestimmt werden. Oder auch umgekehrt – ein Motto findet sich, bevor man sich auf die Suche nach dem richtigen Ort macht, der Thema und Stimmung dann erst so wunderbar in Szene setzt. Dabei schwingt durchaus ein Hauch von Abenteuer mit, wenn Körbe und Taschen gepackt werden und man sich in die Natur aufmacht, um auf Entdeckungsreise nach dem perfekten Platz für ein gemütlich lukullisches Beisammensein zu gehen.

Die Briten haben das Picknick zur hohen Kunst verfeinert. Ob Opernfestival oder Pferderennen, im Sommer werden auf der Insel gesellschaftliche Ereignisse genutzt, um Körbe voller Köstlichkeiten zu packen und es sich im Grünen auf der Decke gemütlich zu machen. Was liegt also näher, als an einem warmen Altweibersommertag inmitten wunderbarer Heidefelder einen englisch inspirierten Five o'Clock Tea abzuhalten. Mit Silberkanne und feinem Porzellan auf der dicken Steppdecke. Wogen altrosafarbener Blütenrispen umspielen die kleine Oase, und fast wähnt man sich in der wunderbaren Hochmoorlandschaft der Brontë-Schwestern.

Es ist gerade diese atmosphärische Dichte, beschert von der Natur, die aus dem noch so einfachen Mahl im Freien eine bleibende Erinnerung werden lässt. Einmal ausprobiert, entwickelt man schnell ein Faible für das Freizeitvergnügen an der frischen Luft, das sich beliebig variieren lässt. Und dazu kommt, dass in einer malerischen Naturkulisse einfach alles noch viel besser schmeckt.

HEIDEBLÜTE

Schon ab Mitte Juli fängt die Heide, je nach Sorte und Wetterverhältnissen, an zu blühen. Es ist ratsam, bei der Planung die Färbung, die für ein so einzigartiges Naturerlebnis sorgt, gut im Auge zu behalten

BRITISH

Scones sind schnell für ein Picknick gebacken. Mit Erdbeermarmelade und Clotted Cream, einem dicken Rahm, bestrichen, sind sie fester Bestandteil englischer Teekultur und eine wirklich köstliche Komposition

~ SCONES ~

Zutaten für 6 Stück: 150 g Mehl, 1 Prise Salz, 1 TL Backpulver, 30 g kalte Butter, 30 g Zucker, 70 ml Milch.
Zubereitung: Mehl und Backpulver in eine Schüssel sieben, Salz zugeben, Butter in kleinen Stücken dazugeben und kneten, bis eine grobkörnige Konsistenz entsteht. Zucker unterrühren. Die Milch zugeben, mit Knethaken weiterkneten. Eine Teigkugel formen und 3 cm dick ausrollen. Mit einer ca. 7 cm großen runden Form (evtl. ein Trinkglas) Scones ausstechen und mit Milch bestreichen. Bei 220 Grad 15 Min. goldbraun backen.

LEKTÜRE

Fast meint man, die Bücher wurden eingepackt, weil sie im zarten Mustermix so exzellent mit der aparten Teetasse harmonieren. Dabei ist ein Picknick wunderbar, um inmitten melodischer Naturgeräusche das Lieblingsbuch einmal ganz anders zu genießen

119

AUS DER WERKSTATT DES HERBSTLICHEN GARTENS

Schmucke Hagebutten

Mit liebevoll arrangierten Naturgeschmeiden, Fruchtbroschen und Gestecken aus den Früchten der Rose zelebriert die holländische Hobbyfloristin Ria Lengton die Faszination des Herbstes. Das Schatzkästchen, vornehmlich der Wildrosen, öffnet sich jetzt allen floristisch motivierten Gärtnern

GRANAT-COLLIER
Auf silberfarbenen Eisendraht fädelte Ria Lengton Hagebutten zu einer Halskette und wählte für den Verschluss ein mit Moos umwickeltes Floristikband

FILIGRANARBEIT
Die patinierten Dekoknöpfe aus Beton sind von historisch-zeeländischem Trachtenschmuck inspiriert. Klar, dass sich die Rosenfrüchte da mächtig in Schale werfen

EIN GLANZ WIE FRISCH LACKIERT UND POLIERT

NATUR-PUNZEN
Der individuelle Stempel der Halskette ist der mit einzelnen Hagebutten beklebte Verschluss. Auf einen Moosring mit Sternanis gebettet, unterstreicht er den Colliercharakter

HERBST-POKAL
Mit kleinen Stecknadeln wurden Hagebutten auf einer Styroporkugel befestigt. Unten überlappen sich frisch aufgesteckte, gefaltete Blätter der Ölweide (Elaeagnus x ebbingei)

Wie ein König kommt er daher – der Herbst. Seine Attribute sind die bernsteinfarbenen Wälder, die goldgefärbten Ährenfelder und die Fülle der Früchte, hoheitsvoll übernimmt er die Regentschaft der Kreativität.

Mit Freude macht man sich jetzt ans Sammeln von Naturmaterialien, aus denen sich Insignien des herbstlichen Reichtums kreieren lassen. Allen voran inspirieren die Hagebutten. Schließlich gilt die Rose als Königin der Blumen. Da werden die Früchte doch auch zu Höherem berufen sein: Kränze aus den rot leuchtenden Früchten schmücken Haustüren, Tische und Bänke weit über die Zeit des Herbstes hinaus. Zu Würdenträgern im Namen der Rose kürt man alle Plätze, an denen Hagebuttencolliers dekorativ präsentiert werden können. Hierzu sammeln Sie am besten perlenartige Hagebutten, die groß genug sind, um sich mühelos auf einen Eisendraht auffädeln zu lassen. Auf Steckschwämmen dicht an dicht zusammengesteckt, ergeben sich Hagebuttenkugeln, die die herbstliche „Parure" vervollständigen. Solche mehrteiligen Schmuckgarnituren hatten nicht nur im 18. Jahrhundert große Bedeutung. Was den Hoheiten damals an Edelsteinen und Perlen zum Repräsentieren diente, tauscht der Herbst gegen die uns so wertvoll gewordenen Schätze der Natur.

Wussten Sie, dass Hagebutten mehr als zwanzigmal so viel Vitamin C enthalten können wie Orangen? Den höchsten Vitamin-C-Gehalt weisen sie zu Beginn der Vollreife auf. Für Mark und Marmelade greift man zu ergiebigen Fruchtspendern wie Kartoffelrose (Rosa rugosa), Apfel-Rose (Rosa villosa) und die in Dresden-Pillnitz gezüchtete Vitamin-Rose 'Pi Ro 3'. Getrocknet laden Hagebutten zur Teestunde und können zu Geflügelbraten in der Soße mitgegart werden – für ein königliches Mahl.

BEEREN-STARK
Die Farbpalette verschiedener Wildbeeren harmoniert aufs Schönste, wie Weißdorn und Sanddorn zeigen. Spannung verleihen Gräser (Pennisetum setaceum 'Rubrum')

TISCHLEIN, DECK DICH
Hagebuttenschnüre, an deren Enden zu Glöckchen gerollte Blätter hängen, zieren den moosgefüllten Metallkranz am Fensterladen. Sein Pendant auf dem Tisch findet sich im Hagebuttenreif mit Platanenholz

IM HAAG
So bekannt sie sind, so sehr begeistern sie doch immer wieder als Erntestrauß in Metallvasen: Hundsrose (Rosa canina) mit ovalen Früchten und die Kugeln der Kartoffelrose (Rosa rugosa)

So prächtig wie Rubine

Gehaltvolle Früchtchen

~ EINE HAGEBUTTENAUSWAHL ~

1 Rosa rugosa: Kartoffelrosen, gefällige Duftstrauchrosen, die von Juni bis Oktober blühen, zählen zu den bekanntesten Fruchtspendern. *2 Rosa macrophylla:* Die Strauchrose aus dem Himalaya zeigt große bis zu 5 cm lange und 2,5 cm breite Hagebutten, die auf rosenrote Blüten folgen. *3 Rosa moyesii:* Mit ihren flaschenförmigen Borstenhagebutten lockt die früh blühende Strauchrose nicht nur Vögel an. *4 Rosa canina:* Die Wildrose par excellence mit einfachen Schalenblüten und reichlich Fruchtbehang. *5 Rosa marcyana:* Die aus Essig-Rose (Rosa gallica) und Filz-Rose (Rosa tomentosa) entstandene Naturhybride wächst sehr niedrig und zeigt kräftig rosafarbene bis leuchtend purpurrote Blüten. Wie die Eltern – vor allem die Filz-Rose wurde früher wegen ihrer fleischigen Hagebutten häufig zur Fruchtgewinnung angebaut – bringt sie ansehnliche Früchte hervor. *6 Rosa rugosa 'Alba':* Auch die weiß blühende Sorte der Kartoffelrose zeigt scharlachrote, flachkugelige Hagebutten. *7 Rosa californica:* Die aus Kalifornien stammende Wildrose besticht durch ihre lange Blütezeit dunkelrosafarbener Blütentrauben von Juni bis August. Es folgen kleine, kugelige Hagebutten. *8 Rosa jundzillii (syn. Rosa marginata):* Die Raublättrige Rose schmückt sich im Juni und Juli mit karmin- bis hellrosafarbenen Blüten. Die Hagebutten sind etwa 1,2 cm dick. *9 Rosa acicularis:* Als Einzige überschreitet die Nadel-Rose den Polarkreis und auch in ihrer Fruchtform unterscheidet sich die von Mai bis Juni rosafarben blühende Wildart von ihren Schwestern. *10 Rosa pimpinellifolia:* Einen aufsehenerregenden schwarzen Farbton bringt die gelblichweiß blühende Bibernell-Rose ins Spiel. **Weitere wichtige Arten** für die Hagebuttenverwertung sind Rosa majalis (Zimtrose), Rosa pendulina (Alpenrose), Rosa rubiginosa (Weinrose) und Rosa villosa (Apfelrose).

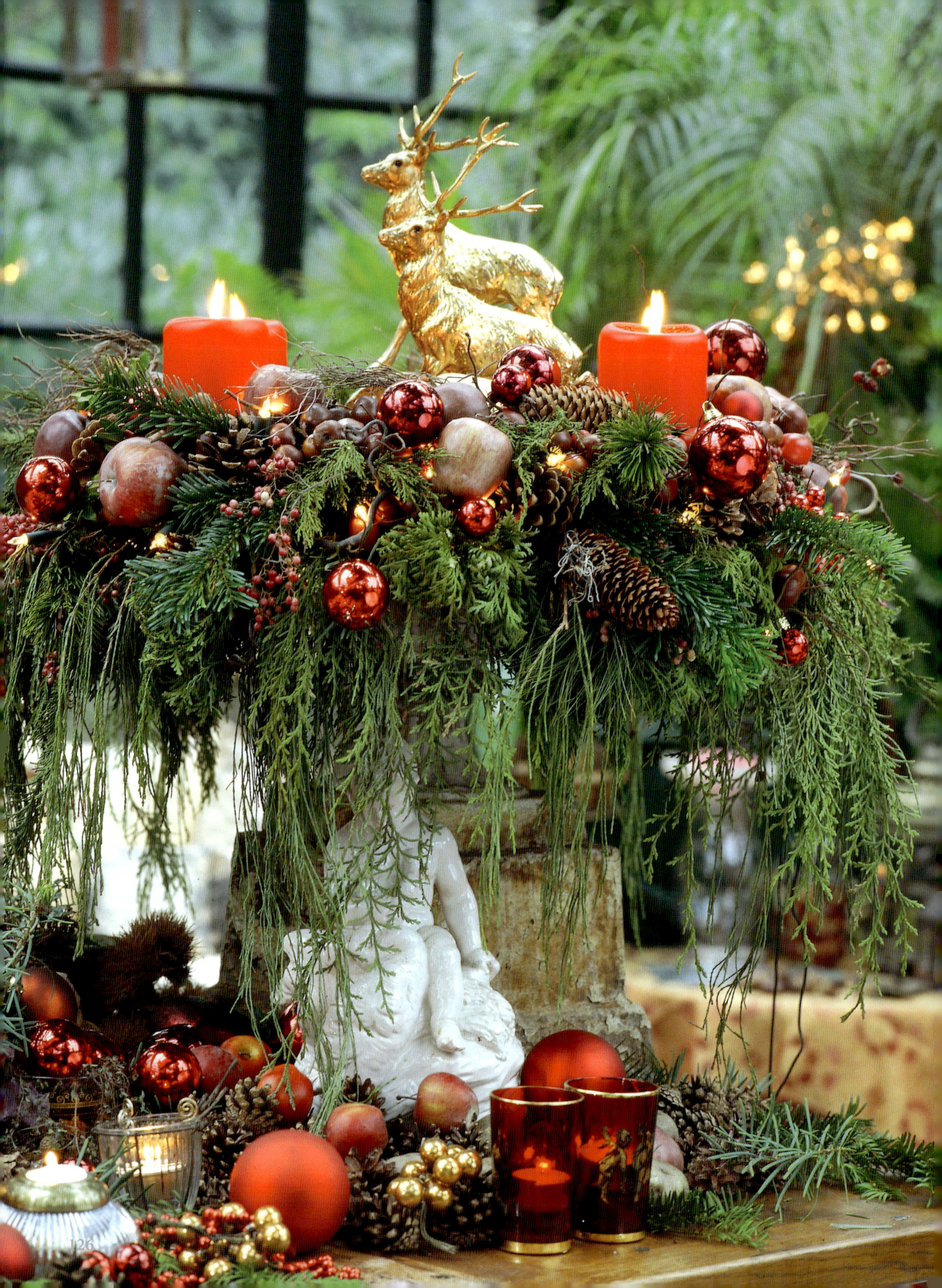

Winter

VOLLER TATENDRANG Elly Kloosterboer-Blok gibt Workshops zur Gartengestaltung, führt ein Lifestyle-Geschäft und pflegt ein großes Anwesen – alles mit derselben Leidenschaft

UNTER DEM ROSENBOGEN hält sich die Hausherrin nicht lange auf. Jeden Morgen verlässt sie das Haus durch die weiße Eingangstür und beginnt ihren Rundgang durch den Garten

„1000 UND EIN LICHT" IN DEN

Goldhoorn Gardens

Im Winter bekommt der Garten von
Elly Klosterboer-Blok ein Festgewand. Dann
werden Hecken, Spaliere und Pavillons rund um den
malerischen See mit Lichterketten geschmückt

„Die Schönheit englischer Gärten hat mich ungemein inspiriert"

FORMSCHÖN Weitläufige Hecken aus Buchs und Eibe verleihen dem Garten Struktur. Für ihre schnittige Gestalt sorgt Ellys Mann Hendrik

TAFELFREUDEN
Zum gemeinsamen Essen mit Freunden bietet der überdachte, von Farnen und Gräsern umrahmte Sitzplatz bis in den Spätherbst Gelegenheit

DURCHBLICK
Wer den Garten durch den Laubengang aus Hainbuchen verlässt, genießt den Anblick der Felder, die früher mit zu dem bäuerlichen Anwesen gehörten

STILLLEBEN
Hortensien zählen neben Rosen zu Ellys Lieblingspflanzen. „Ich mag ihre anmutigen Blüten mit den romantischen Farbnuancen"

Auf dem See im Herzen von Elly Kloosterboer-Bloks Garten liegt ein magischer Glanz: Was so aussieht wie ein Goldregen, der sich über das Wasser ergossen hat und von Monet in ein impressionistisches Gemälde verwandelt wurde, macht den besonderen Zauber der „Goldhoorn Gardens" aus. Um die Struktur ihres Gartens in der kalten Jahreszeit hervorzuheben, schmückt die Hausherrin ihn jedes Jahr mit unzähligen Lichtern.

Elly Kloosterboer-Blok ist gelernte Garten-Architektin, gibt Workshops zur Landschaftsgestaltung und führt nebenbei einen kleinen Lifestyle-Laden mit englischen Produkten für drinnen und draußen. Kaum zu glauben, dass sie jemals etwas anderes gemacht hat – und doch ist sie erst seit einigen Jahren als Gestalterin tätig.

Als der ländlich gelegene Garten ihrer Familie nicht mehr als Kinderspielplatz gebraucht wurde und langsam verwilderte, beschloss sie, den Kern des Übels zu beseitigen. Ohne sich vorher besonders für Gartenkunst interessiert zu haben, legte sie mitten im Gelände einfach kurzerhand einen Teich an. „Als ich ihn dann dort mit seiner glatten, glitzernden Oberfläche liegen sah", gesteht sie, „war es um mich geschehen. Die Ideen sprudelten nur so aus mir heraus, und seitdem bin ich nicht mehr zu bremsen."

TRAUMPFAD
Geschmückte Buchsbaumkugeln, Fetthenne, Lampenputzergras und Bergenien säumen den verwunschenen Weg

LADENGEFLÜSTER
Waren es englische Wachsjacken, robuste Stiefel oder urige Accessoires, die den Botschafter von Japan zu einem Besuch inspirierten?

KOPFÜBER
„Pendula"-Formen mit überhängendem Wuchs haben es Elly angetan. Ein schöner Kontrast dazu ist der gestutzte Eiben-Kegel im Hintergrund

Noch heute bildet der kleine Weiher das Herzstück ihres grünen Refugiums. Inzwischen hat sich jedoch einiges verändert. Elly teilte das Grundstück in viele verschiedene Bereiche auf, immer mit dem klaren Ziel vor Augen, einen romantischen Garten mit Strukturen zu schaffen, die ihm zu jeder Jahreszeit eine besondere Ausstrahlung geben. Von Eiben- und Buchshecken gesäumte Wege führen elegant an mehreren Pavillons und dem Rosengarten vorbei und umrunden den Teich mit seiner abwechslungsreich bepflanzten Uferzone aus Bambus und unterschiedlichen hoch wachsenden Gräsern.

Der nach dem früheren Wohnort ihrer Schwiegereltern benannte Garten rund um den ehemaligen Bauernhof und das angeschlossene Geschäft haben sich inzwischen einen Namen gemacht. „Einmal unterstellte man mir sogar, Plastiktulpen einzusetzen, weil meine so lange blühten!" Und als kurz nach der Laden-Eröffnung der japanische Botschafter in der Tür stand, staunte die Familie nicht wenig. Aber auch an normalen Tagen gibt es viel zu tun: Elly Kloosterboer-Blok hilft Seminarteilnehmern, eigene Gartenkonzepte und Pflanzpläne zu entwickeln oder plant Tage der offenen Tür. Aber wenn dann der Abend naht, führen sie ihre Schritte wie von selbst an das Ufer ihres stillen, glitzernden Sees.

„Ich möchte eine ruhige, stimmungsvolle Atmosphäre schaffen."

HAUS AM SEE
Im weißen Pavillon lädt ein bequemes Sofa zur Verschnaufpause ein. Durchs Fenster sieht man zwischen Grasrispen das Wasser glitzern

SPAZIERGANG IM SCHNEE
An strahlenden Tagen wie diesem hält Greet Lavooij nichts mehr im Haus: „Alles funkelt wie unter einem Diamantvorhang", sagt sie über das seltene Schauspiel, denn Schnee ist an Hollands Südküste ein kostbares Geschenk

IM EINKLANG MIT DER NATUR

Jeden Tag gilt der erste Morgengruß des Ehepaars Lavooij dem Garten. Der Blick aus dem Fenster schweift über das 4500 Quadratmeter große Grundstück hin zu den angrenzenden Sanddünen und den unendlichen Weiten des Meers

Wunder-welten

Der erste Schnee verwandelt vertraute Gartenecken in mystische Traumlandschaften, schwärmt Greet Lavooij und führt uns durch ihr weiß glitzerndes Märchenreich

*„Schnee, zärtliches Grüßen der Engel,
schwebe, sinke – hülle alles in Deine Schwingen ..."*

Abends, wenn die Sonne am Horizont versinkt und die kristallbestäubte Schneedecke in rosarotes Licht taucht, kommt Leben in den Garten. Auf leisen Schwingen treffen die ersten Abendgäste ein: Im schillernden Federkleid lassen sich Fasane auf den schneebedeckten Ästen der Laubbäume nieder, um in der behüteten Stille des Gartens die Nacht zu verbringen.
Betritt Greet Lavooij am nächsten Morgen den schlafenden Garten, zeugt nur der herabgefallene Puderschnee vom Besuch der scheuen Wildvögel: „Deswegen liebe ich den Winter. Er macht so viele unbemerkte Dinge auf zauberhafte Weise sichtbar", sagt die feinsinnige Frau. Wirklich sichtbar wird jedoch noch etwas ganz anderes: eine meisterliche Gartengestaltung. Denn wo die schmückende Pracht der Blüten fehlt, müssen Formen und Strukturen dem Auge Halt bieten. Im Garten der Lavooijs übernehmen diese Aufgabe immergrüne Gehölze, die den Blick über verschneite Rasenflächen zu malerischen Baumsilhouetten leiten. Das verzweigte Astwerk laubabwerfender Gehölze wie der Trauerweide, Zierkirsche oder Hainbuche bildet einen spannungsreichen Gegensatz zu

LICHTSPIELE
Magische Schattenwürfe wandern über das funkelnde Weiß verschneiter Rasenflächen, während die immergrünen Formschnittgehölze im schräg einfallenden Licht der Wintersonne eine geheimnisvolle Prägnanz entwickeln: In figuraler Körperlichkeit beherrschen sie den leer gewordenen Raum

MYSTISCHE LANDSCHAFTSGEMÄLDE
Es scheint, als hätte die Schneekönigin einen Zauber über den kleinen Park gelegt und Wald und See in einen langen Schlaf gesenkt

KONTRASTPUNKTE
Im Schnee zeigt sich die entblätterte Natur in ihrer ursprünglichen Schönheit. Glasklar vermag das Winterlicht den Kontrast zwischen den geometrisch geschnittenen Buchshecken und den mit Eiskristallen bestäubten Zweigen der schlafenden Ziersträucher hervorzuheben

VERTRÄUMTE WINTERWELTEN
Sinnend betrachtet das junge Mädchen aus Steinguss ihr glitzerndes Reich und ziert den Garten gerade in der blütenlosen Zeit mit anmutiger Grazie

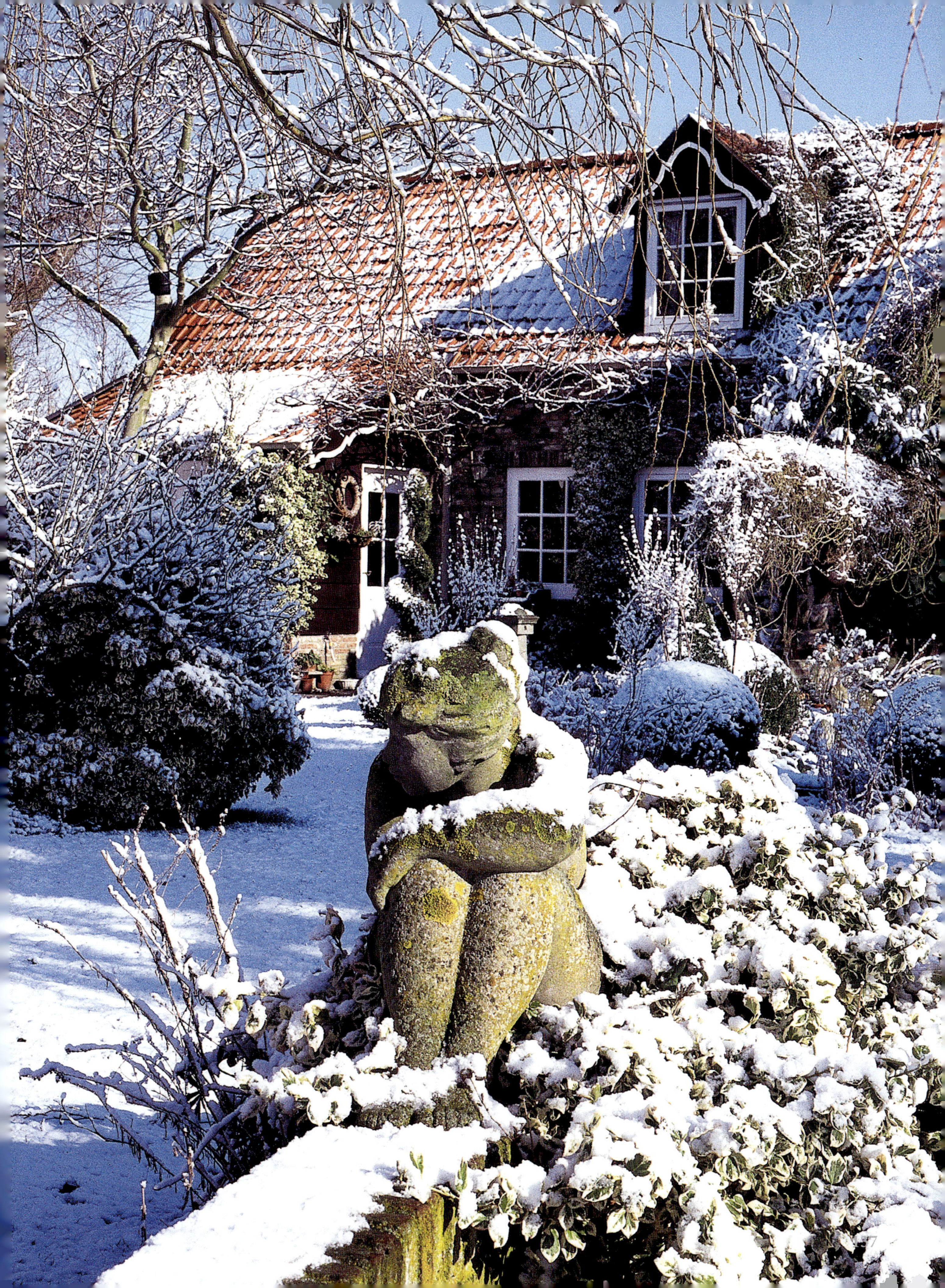

*"... Schnee, zärtliches Grüßen der Engel, den Menschen, den Tieren!
Weißeste Feier der Abgeschiedenheit"* FRANCISCA STOEKLIN

STILLE GARTENFREUDEN

Wo Immergrüne fehlen, können winterfeste Gartenmöbel zu ausdrucksstarken Blickfängen werden: Hier schmückt eine von geflochtenem Weidewerk umrahmte Holzbank die blattlose Gartenpartie und setzt einen Ruhepol in die stark modellierten Höhenschichten den geschlossenen Formen der Eibenpyramiden und Buchskugeln. Zum stimmungsvollen Gestaltungsmerkmal wird dieser Kontrast auch im Kräutergarten: Hier weben sich durch die dichte Blattfülle der Buchsrondelle die zarten hellbraunen Samenstände des Muskateller-Salbeis.

Doch nicht nur die Kräuter zaubern mit silberbereiften Fruchtständen irisierende Schwerelosigkeit in den winterlichen Garten – Greet Lavooij rettet jede ihrer Stauden in die vierte Jahreszeit. Ob es nun die die schweren Blütenkugeln der Hortensien sind, die schwebenden Halme der Gräser oder die fedrigen Samenstände der Clematis – sie alle werden in der reduzierten Farbenwelt des Winters zu abwechslungsreichen Blickfängen. „Der Winter ist ein guter Lehrmeister", schreibt der berühmte holländische Stauden- und Gräserzüchter Piet Oudolf, denn dieser zwingt zu minimalistischen, aber wirkungsvollen Gestaltungskriterien.

Im Garten Lavooij haben sie ihre Vollendung gefunden: Im künstlerischen Einklang ergänzen sich auf dem Grundstück Form und Freiheit, Immergrüne und zarter Blütenflor, Park und Wildgarten zu einer verwunschenen Märchenwelt. Fragt man die Königin dieses Reiches, was sie nach all den Jahren am meisten schätzt, antwortet sie ohne zu zögern: „Die Stille. Ich liebe die meditative Ruhe, die ein harmonisch gestalteter Garten ausstrahlen kann." Und nie erfährt man diese Stille intensiver als an einem klaren, sonnigen Wintertag.

STIMMUNGSVOLLE IMPRESSIONEN

Vor über 40 Jahren stand hier kein einziger Baum, heute erfüllen die stattlichen Gehölze gleich mehrere Funktionen: Im Sommer schützen sie Menschen und Blumen vor starken Küstenwinden, im Winter werden ihre feingliedrigen Astskelette und kompakten Figuren zu raumbildenden Skulpturen

GREET UND TON LAVOOIJ

genießen den Winterschlaf des Gartens. In der vierten Jahreszeit können sie in aller Ruhe in ihrem weitläufigen Paradies schwelgen, bevor ab März wieder die tagesfüllende Gartenarbeit beginnt

MALERISCHE EINGÄNGE

Gleich pudrigen Schneebällen neigen sich überzuckerte Hortensienblüten dem Besucher entgegen. Rundkronige Lebensbäume und kletternder Efeu umrahmen den Eingang im grünen Kleid

~ FORMSCHÖN ~
Klare Formen und einzelne, stilvolle Accessoires bestimmen den hausnahen Gartenbereich. Den Rahmen gibt Greet Lavooij mit immergrünen Buchskugeln, Lebensbaumhochstämmchen und Eibenpyramiden vor. Dazwischen sorgen einzelne Figuren aus Steinguss, filigran geflochtene Weidenzäune oder ein Türkranz für auflockernde Blickfänge

Perlen der Natur

Für die etwas unscheinbare Gewöhnliche Schneebeere kommen die glanzvollen Tage erst in der Winterzeit, wenn sie sich mit auffallend weißem oder karminrotem Beerenschmuck präsentiert

BLÜTEN UND FRÜCHTE erscheinen mitunter gleichzeitig. Während der Blütezeit von Juni bis September entwickeln sich ab Juli schon die ersten rundlich-drallen Früchte. Da sie offenbar nicht zur Lieblingsnahrung unserer Singvögel zählen, bleiben sie den Kleinsträuchern monatelang erhalten

SCHÖN AUF DRAHT
Auch für die Herbst- und Winterfloristik sind Schneebeerenfrüchte eine Bereicherung. Weil Schnee und Frost ihnen kaum etwas anhaben können, spielen sie ihre Trümpfe als Winterschmuck aus und zeigen sich mit Vorliebe in Gestecken und Kränzchen für Hof und Garten

Als Knallerbsenstrauch erobern Schneebeeren die Herzen der Kinder. Als Naturschmuck werden sie vor allem in der Floristik geschätzt

ERNTEZEIT
Schneebeeren verlieren im Winter ihr Laub, deshalb werden die Zweige für Dekorationen geschnitten, solange die Blätter noch grün sind. Bereits kahle Zweige kann man aber auch sehr effektvoll mit frischem Moos kombinieren

Obwohl wir uns als Kinder nie besonders für Großmutters Gartenpflanzen interessierten, liebten wir diesen Strauch wie keinen anderen. Völlig unscheinbar stand er im Schatten des alten Gartenhäuschens, irgendwie schien ihn niemand so recht zu beachten. Nur wir Kinder warteten ungeduldig darauf, dass er endlich Früchte ansetzte. Heimlich stibitzen wir die kleinen weißen Kugeln und schlichen uns davon, um zwei Straßen weiter unser vergnügliches Knallerbsenkonzert zu beginnen.

Zwar sind die Früchte der Gemeinen Schneebeere (Symphoricarpos albus), die mit hörbarem Knall zerplatzen, wenn man sie auf den Boden wirft, eine bemerkenswerte Kuriosität; als Erwachsene fasziniert uns jedoch eher ihr Zierwert. Und da haben die ansonsten völlig unkomplizierten Kleingehölze, die aus Nordamerika zu uns kamen, durchaus einiges zu bieten. Neben der reinweißen Art gibt es Sorten mit purpurvioletten, lilaroten und zartrosa Beeren. Ihr überraschend dekoratives Potenzial stellen sie mit Vorliebe in winterlichen Gestecken, Kränzen und Girlanden unter Beweis.

ZARTE BANDE
Für den romantischen Torschmuck benötigen Sie stabilen Draht, der zur Herzform gebogen wird. Daran werden mit Bindedraht 10 – 15 cm lange Schneebeeren-Zweige fixiert

ATTRAKTIVE VERFÜHRER
Weil die Früchte der Schneebeere so appetitlich aussehen, sind besonders Kinder gefährdet, davon zu naschen. Sie sind jedoch nicht für den Verzehr geeignet. Die Giftzentrale Bonn stuft sie als leicht giftig ein. Größere Mengen, etwa ab 10 Beeren, können zu Darmbeschwerden führen. Nach dem Binden eines Kränzchens oder sonstigen Berührungen ist es außerdem ratsam, die Hände zu waschen

1 GLITZERSTUNDE
Eine Frostnacht genügt, um Schneebeeren in eisige Preziosen zu verwandeln. Schade nur, dass die ganze Pracht mit den ersten Sonnenstrahlen entschwindet

2 SÜSSER NEKTAR
Optisch fallen die im Sommer erscheinenden glockenförmigen Blüten kaum auf, sie sind jedoch eine hervorragende Nahrungsquelle für Bienen und Schwebfliegen

3 BEERENPOWER
Die Korallenbeere (Symphoricarpos orbiculatus 'Korona') schmückt sich überreich mit leuchtendrosa Beeren, besonders nach einem heißen Sommer

4 VAGABUNDEN
Schneebeeren fühlen sich hierzulande so heimisch, dass sie gelegentlich den geschützten Gartenraum verlassen und sich unter die Wildgehölze mischen

5 HERBSTKLEID
Mit Ausnahme der Korallenbeere, deren Blätter sich im Herbst auffallend rotbraun färben, ist die Herbstfärbung der Gemeinen Schneebeere eher unspektakulär

6 SCHÖNER SCHEIN
Was wir gemeinhin als Beere bezeichnen ist im Grunde eine lufthaltige Steinfrucht mit zwei harten, ovalen Samen, die von schwammigem Fruchtfleisch umgeben sind

Liebling der Götter

Ehrwürdiger Feigenbaum: Adam und Eva bedeckten mit seinen Blättern ihre Blöße, Buddha erlangte unter seiner Krone Erleuchtung, und seine süßen Früchte sind bis heute jede Sünde Wert

Haben Sie im Urlaub in Griechenland oder Italien auch schon einmal einen jener verwilderten Feigenbäume entdeckt, deren Früchte für jedermann zugänglich sind? Welcher Genuss ist es, sich eine reife Feige vom Zweig zu pflücken und in das weiche, saftige Fruchtfleisch zu beißen!

Bei genauem Hinsehen offenbart sich die Essfeige als kleines Wunderwerk der Natur. Ihr Inneres besteht aus winzigen Blüten, die auf der Innenwand des birnenförmigen Blütenbodens sitzen und von weichem Gewebe umschlossen sind. Aus ihnen entwickeln sich kleine Steinfrüchte, die man beim Verzehr als harte Kernchen spürt. Die Wildart des Feigenbaums ist auf die Bestäubung durch eine einzige Insektenart, die Feigengallwespe, angewiesen. Zuchtformen bringen jedoch auch ohne Bestäubung große, saftige Feigen hervor. Da der ursprünglich in Kleinasien beheimatete Baum keine

AROMATISCH UND FRISCH AUF DEN TISCH
Wer keinen Feigenbaum im Garten und somit keine eigene Ernte hat, kann auf Früchte aus den Mittelmeerländern oder Südamerika zurückgreifen

ROSMARIN-PANNA-COTTA
MIT KARAMELLFÄDEN
UND FEIGEN

FEIGEN-CHUTNEY
MIT PAPADAM

Temperaturen unter minus zehn Grad verträgt, werden Feigenbäume hauptsächlich in warmen Gebieten kultiviert. Falls Sie jedoch in einer Gegend mit mildem Weinbauklima wohnen, können Sie den Baum mit den attraktiven Blättern ohne weiteres ins Freie pflanzen. Über den Winter häufelt man die Wurzelbasis wie bei Rosen an und schützt seine Krone mit speziellem Vlies oder einer Kokosmatte. Ansonsten können Sie den Feigenbaum wie eine Kübelpflanze behandeln und frostfrei im Haus überwintern lassen. Beim Kauf frischer Feigen sollten Sie darauf achten, dass die empfindlichen Früchte keine Druckstellen aufweisen und eine gleichmäßige Färbung besitzen. Am bekanntesten sind bei uns die violettschaligen Sorten, es gibt aber auch solche mit grüner oder gelblicher Schale. Damit das lockere Fruchtfleisch nicht auseinanderfällt, sollten Sie frische Feigen besser nicht schälen.

Wer seine Feige bei Tisch formvollendet genießen möchte, schneidet sie am Stielansatz mehrfach kreuzweise tief ein, klappt die Segmente auf und kann das Fruchtfleisch bequem herauslöffeln.

LEBERSPIESS MIT BAGUETTESCHEIBEN UND FEIGEN

ZIEGENKÄSESOUFFLÉ MIT MARINIERTEN FEIGEN

Desserts mit dem fruchtig-süßen Aroma der Feige sind die Krönung eines jeden Mahls

VIELSEITIGER GENUSS
Frische Feigen verleihen sowohl süßen als auch pikanten Gerichten eine ganz besondere aromatische Note. Als einzelne Frucht sind sie exotisch wirkende Dekoration

WALNUSS-FEIGEN-BROT

Zutaten für 1 Kastenform mit 30 cm Länge: 500 g Weizenmehl, 1 Würfel (42 g) Hefe, 1 TL Zucker, 250 ml lauwarmes Wasser, 250 g getrocknete Feigen, 125 g grob gehackte Walnusskerne, 2 TL Salz, 1 Ei, Öl für die Form, 1 Eigelb mit 1 EL Milch zum Bestreichen.

Zubereitung: Mehl in Schüssel geben, Mulde hineindrücken. Hefe in die Mulde bröckeln, mit dem Zucker und etwas lauwarmem Wasser verrühren. Leicht mit Mehl bestäuben, zugedeckt an warmem Ort 10 Min. gehen lassen. Feigen klein schneiden. Restliches Wasser, Salz und Ei zum Vorteig geben, alles gründlich verkneten. Feigen und Walnüsse unterkneten. Teig zugedeckt 45 Min. an warmem Ort gehen lassen. Dann auf bemehlter Arbeitsfläche gut durchkneten, zu einer Rolle formen. Form einfetten. Teig hineinlegen und zugedeckt an einem warmen Ort weitere 45 Min. gehen lassen. Brot mit verquirlter Eigelb-Milch bestreichen, im vorgeheizten Ofen bei 200 Grad auf der unteren Schiene ca. 40–45 Min. goldbraun backen. In der Form etwas abkühlen lassen, auf Kuchengitter stürzen und offen auskühlen lassen.

Geheimnisvolle Frucht mit himmlischen Verführungskräften

KLEINE, ABER FEINE ERNTE
In Gegenden mit Weinbauklima gedeiht der Feigenbaum auch bei uns. Am besten pflanzen Sie ihn direkt vor eine Südwand. Anders als in südlichen Ländern, wo dreimal im Jahr geerntet wird, fruchtet er hier meist nur einmal

SÜSSE FEIGEN ZUM NUSSIGEN FELDSALAT
Der junge englische Starkoch Jamie Oliver komponiert dazu noch Parmaschinken, Mozzarella, Rucola, Parmesan und frische Minze zum „sinnlichsten Salat der Welt"

Rezepte

ROSMARIN-PANNA-COTTA MIT KARAMELLFÄDEN UND FEIGEN

Zutaten für 4 Personen: Saft einer Zitrone, 200 g Zucker, frische Rosmarinzweige, 1 Vanilleschote, 300 g Sahne, 300 g Mascarpone, 4 Blatt weiße Gelatine, 4 Feigen, 200 ml Vin Santo (süßer ital. Dessertwein), 2 EL Balsamico. Garnitur: 5 EL Zucker, 2 EL Wasser.

Zubereitung: Zitronensaft mit der Hälfte des Zuckers in kleinem Topf verrühren. Bei schwacher Hitze langsam hell karamellisieren lassen, nicht rühren. Karamell in kleine, gebutterte Soufflée-Förmchen füllen, erkalten lassen. Rosmarin abbrausen und trocken schütteln. Vanilleschote längs einschneiden, Mark ausschaben und beides mit Rosmarin, Sahne, Mascarpone und übrigem Zucker in Topf geben. Aufkochen, 15 Min. bei kleiner Hitze ziehen lassen. Gelatine in kaltem Wasser einweichen. Rosmarin und Vanilleschote aus dem Topf nehmen, Creme etwas abkühlen lassen. Gelatine kurz ausdrücken, in die Flüssigkeit einrühren, auflösen. In die Förmchen füllen, für mind. 3 Std. abgedeckt in den Kühlschrank stellen. Feigen waschen, trockentupfen, sternförmig einschneiden. Wein und Balsamico aufkochen, Feigen zugeben. Bei kleiner Hitze ca. 5 Min. leise köcheln lassen. Zum Servieren Förmchen kurz in heißes Wasser tauchen, Panna Cotta auf Dessertteller stürzen. Feigen mit je einem Rosmarinzweig dazulegen. Nach Belieben mit Karamellfäden garnieren. Dazu Zucker mit 2 EL Wasser im Topf verrühren, aufkochen lassen. Ständig rühren, bis das Wasser verdampft ist. Jetzt färbt sich der Karamell langsam hellbraun, Hitze zurückschalten. Sobald Karamell eine braune Farbe bekommt, vom Herd nehmen und mit einer Gabel direkt aus dem Topf die Panna Cotta mit Zuckerfäden verzieren.

ZIEGENKÄSESOUFFLÉ MIT MARINIERTEN FEIGEN

Zutaten für 4 Souffléförmchen mit je ca. 1/4 l Inhalt: 80 g Butter, 3 EL Mehl, 250 ml Milch, 100 ml Sahne, Salz, Pfeffer, Muskat, 5 Eier, 150 g Ziegenfrischkäse, Butter für die Förmchen, 5 frische Feigen, 200 ml roter Portwein, 1 EL Zucker, 3 EL Balsamico.

Zubereitung: Butter im Topf erhitzen, Mehl einrühren und anschwitzen. Nach und nach die Milch einrühren, alles 15 Min. köcheln lassen, dabei ab und zu mit dem Schneebesen durchrühren. Sahne dazugießen, aufkochen, Ziegenfrischkäse unterrühren. Mit Salz, Pfeffer und Muskat würzen, vom Herd nehmen. Eier trennen. Eigelb nach und nach unter die Käsemischung rühren. Eiweiß steif schlagen, unterheben. Die Souffléförmchen einfetten, zu zwei Dritteln mit der Masse füllen. Im vorgeheizten Backofen bei 180 Grad auf der unteren Schiene ca. 25 Min. backen. Nach 15 Min. die Temperatur auf 200 Grad erhöhen, damit die Oberfläche schön bräunt. Feigen waschen, in Achtel schneiden. Mit Portwein, Zucker und Balsamico in kleinen Topf geben, 5 Min. köcheln lassen. Fertige Soufflés in den Förmchen mit Feigen belegt sofort servieren.

LEBERSPIESS MIT BAGUETTESCHEIBEN UND FEIGEN

Zutaten für 4 Personen: 1/2 Zweig Rosmarin, 2 Knoblauchzehen, 2 rote Peperoni, 3 EL Olivenöl, 300 g Kalbsleber ohne Haut und Sehnen, Salz, Pfeffer aus der Mühle, Blätter von 1/2 Bund Salbei, 1/2 Baguette, 2 feste Feigen, 3 EL Butter.

Zubereitung: Rosmarin waschen, trockenschütteln und die Nadeln fein hacken. Knoblauch schälen, durch die Presse drücken. Peperoni putzen, waschen und fein hacken. Alles mit Olivenöl vermischen. Kalbsleber in ca. 3 cm große Würfel schneiden und mit Pfeffer würzen. In die Marinade geben und 2 Std. ziehen lassen. Baguette in dünne Scheiben schneiden. Feigen waschen und grob zerschneiden. Leber, Brot, Feigen und Salbei abwechselnd auf vier Holzspieße stecken, bei mittlerer Hitze in heißer Butter rundum 4–6 Min. braten, dann mit Salz würzen und servieren.

FEIGEN-CHUTNEY MIT PAPADAM

Zutaten für 4 Portionen: 8 feste Feigen, 2 Schalotten, 2 EL Olivenöl, 1 Lorbeerblatt, 1/2 TL Nelkenpulver, 2 grüne Chilischoten, 3 EL Himbeeressig, 4 EL trockener Weißwein, 1 TL Senf, 1 TL Senfkörner, 3 EL Zucker, Salz, groben Pfeffer. Für die Papadam 8–12 Linsenfladen aus dem Asialaden, 300 ml Öl zum Frittieren.

Zubereitung: Die Feigen mit dem Sparschäler schälen. Schalotten in feine Würfel schneiden. Olivenöl in eine heiße Kasserolle geben. Feigen, Schalotten, Lorbeerblatt, Nelkenpulver, grob zerkleinerte Chilischoten, Himbeeressig, Weißwein, Senf, Senfkörner, Zucker, 1 Prise Salz und 1 Prise groben Pfeffer hinzugeben. Die Masse 8–10 Min. bei mittlerer Hitze kochen. Erkalten lassen. Nach Belieben einen Teil vom erkalteten Feigenchutney grob pürieren. In einer kleinen Pfanne das Öl erhitzen und portionsweise die Papadam je Seite ca. 5–7 Sek. backen. Mit einem Schaumlöffel herausheben und auf Küchenpapier entfetten.

IM MITTELPUNKT
der Tafel regiert üppiges Schmuckwerk: Hirsche, dazu ein Aufgebot an Weihnachtskugeln, Muehlenbeckia, Tannengrün, Zapfen und antiker Christbaumschmuck zwischen brennenden Kerzen und Windlichtern

EXTRAVAGANT
Ein von englischen Glashausspezialisten gestalteter „Gartensalon" wird, inmitten von stimmungsvoll beleuchteten Palmen und Orangenbäumen, zum außergewöhnlichen Weihnachtszimmer

Weihnachten im Gartensalon

Willkommen im märchenhaft geschmückten Wintergarten, wo allerlei zauberhafte Gestalten ihr Unwesen treiben und Genießer ein Abend voller Poesie und kulinarischer Entdeckungen erwartet

FESTLICH
Ein stimmungsvolles
Miteinander aus
Kerzenleuchtern
und Waldwesen hat
sich um die Kugel-
pyramide vor einem
alten holländischen
Spiegel postiert,
umgeben von duf-
tendem Tannengrün
und Hirschen, die
die Szenerie wie eine
Lichtung betreten

FISCHFILET MIT GEMÜSE UND LACHSKAVIAR

EINS NACH DEM ANDEREN
Drei Teller, drei Stile, drei Speisen… ergeben ein köstliches Menü! Wir beginnen mit saftigen Gambas auf Grapefruit und fahren dann fort mit dem leichten Meeresmenü, welches der traditionelle Christmas Pudding beschließt

GAMBAS MIT GRAPEFRUIT & STRUDELSTREIFEN

Der Wintergarten scheint dieser Tage wie verzaubert. Das Zuhause für mediterrane und tropische Pflanzenschönheiten wie Kamelien und Papageienblumen ist Schauplatz für eine ganz besondere Einladung. Festlich geschmückt und ausstaffiert präsentiert es sich zum Weihnachtsmenü für die Familie und die besten Freunde im Advent. Dabei lässt sich die Gastgeberin in jedem Jahr etwas Neues einfallen, um dem romantischen Anbau mit seinen besonderen Lichtstimmungen in Szene zu setzen. Eine wunderbare Herausforderung, die viele Möglichkeiten bietet, wenn sich Palmen- und Orangenbäume mit Lichterketten schmücken und eine Stimmung wie im Märchenwald kreieren. Kastanienwein rankt unter dem Dach. Hirsche betreten die Szenerie und überbordende Fantasiegestecke ziehen in ihren Bann, im sanften Glanz der Kerzen. Ihr Licht spiegelt sich in englischen Kristallgläsern und

GLÜHWEIN ZU WEIHNACHTEN
Zutaten für 8 Gläser: 2 Bio-Orangen, 200 ml Orangensaft, 700 ml Rotwein, 100 ml Rum, 100 g Zucker, 1 Anisstern, 3 Nelken, 1 Zimtstange, 8 Zimtstangen für die Garnitur.
Zubereitung: Die Schale der Orangen mit einem Sparschäler dünn spiralförmig abschälen, dann vorsichtig den Saft auspressen. Orangenschalenspiralen mit Orangensaft, Zucker, Rotwein, Gewürzen und Rum unter Rühren erhitzen, aber nicht kochen lassen. 5 Min. ziehen lassen, dann die Gewürze herausnehmen und Wein in Gläser füllen. Mit Zimtstangen garniert servieren.

ZAUBERWALD

Goldene Hirsche bewegen sich ganz schwindelfrei auf dem üppig gesteckten und stimmungsvoll beleuchteten Adventskranz, der von einem steinernen Sockel getragen wird

SALATTÜRMCHEN VON GEMÜSEN UND SEEZUNGE

KLEINE ZEICHEN

Weihnachtswünsche auf Stoff gehalten von goldenen Serviettenringen mit süßen Engeln, grüßen die Gäste und nehmen die Farben Rot & Gold wieder auf

üppig arrangierten Christbaumkugeln in den Weihnachtsfarben Grün und Rot. In den gemütlichen Korbstühlen könnte man ewig sitzen bleiben und staunen, wenn Stillleben Geschichten zu erzählen scheinen, während zwei Lakaien an der Gartentür – antike Kerzenständer aus England – ihre Butlerpflichten sehr ernst nehmen. Auch vor dem alten holländischen Spiegel an der Wandseite gibt es einiges zu entdecken. Eine Pyramide aus Baumkugeln und antike Kerzenleuchter kreieren eine Märchenszenerie mit Fabelwesen. Umgeben von all der Pracht ist der Moment gekommen, das sorgfältig vorbereitete Menü zu eröffnen. Wie nach einer feinen Dramaturgie werden Salattürmchen, Gambas und Fischfilet mit gedünstetem Gemüse gekrönt von Kaviar aufgetragen und als süßen Abschluss, „very british", ein gehaltvoller Christmas Pudding mit Brandysahne.

CANACHE-CHILI-TRÜFFEL

Zutaten für ca. 40 Stück: 150 ml Sahne, 60 g Zucker, 1 Messerspitze Salz, ausgeschabtes Mark von 1 Vanilleschote, 2 gestrichene TL Chilipulver, 200 g dunkle Kuvertüre, 250 g Milch-Kuvertüre, 250 g Butter, 2 Chilischoten.
Zubereitung: Sahne mit Zucker, Salz, Chili und Vanillemark aufkochen und die klein gehackte Kuvertüre unterrühren. Abkühlen lassen. Dann die Butter schaumig rühren und flöckchenweise mit der Schokoladenmasse verrühren. Ein Blech mit Backpapier oder Folie auslegen. Canache-Masse mit Spritzbeutel und Sterntülle in Pralinenförmchen spritzen. Chilischoten in dünne Scheiben schneiden und auf die Trüffel setzen. Im Kühlschrank erkalten lassen.

Rezepte

GAMBAS MIT GRAPEFRUIT UND STRUDELSTREIFEN

Zutaten für 4 Personen: Ca. 150 g Strudelteig (TK), 8 Gambas (küchenfertig), 1 Grapefruit, 1 TL frisch geriebener Ingwer, 1 Msp. Currypulver, 2 Bund Rucola, 4 EL Olivenöl, Saft und Zesten einer halben Zitrone, Salz, Pfeffer aus der Mühle.

Zubereitung: 2 EL Olivenöl mit Ingwer und Curry verrühren. Aufgetauten Teig in 4 ca. 15 x 8 cm große Streifen schneiden. Mit Ingwer-Curry-Öl bepinseln und im vorgeheizten Ofen auf einem mit Backpapier belegten Blech bei 200 Grad Unter- und Oberhitze ca. 5 Min. knusprig backen. Grapefruit schälen und Filets herausschneiden. Dabei den Saft auffangen und mit Zitronensaft und -zesten vermengen. Rucola waschen, putzen und die Hälfte fein hacken. Mit in den Saft geben. Gambas in restlichem Öl ca. 2 Min. anbraten. Salzen, pfeffern und herausnehmen. Restliche Rucolablätter und Gambas auf dem Strudelteig anrichten. Bratensatz mit Saft ablöschen und Grapefruitfilets zugeben. Mit Salz und Pfeffer abschmecken und über die Gambas träufeln. Sofort servieren.

SALATTÜRMCHEN VON GEMÜSEN UND SEEZUNGE

Zutaten für 4 Personen: 4 Seezungenfilets à 80 g), 200 ml Weißwein, 1 TL Senfkörner, 1 Lorbeerblatt, 1 gelbe Zucchini, 1 grüne Zucchini, 2 Tomaten, 1 rote Zwiebel, 1 Knoblauchzehe, 1 EL gehackter Dill, 3 EL Olivenöl, ca. 80 g junge Spinatblätter, einige Friséeblätter, Meersalz, Pfeffer. Dressing: 1 Chilischote, Zesten und Saft einer Zitrone, 1 Schalotte, 4 EL Olivenöl. Garnitur: 4 TL Crème fraîche, 1 EL Kaviar, Dillspitzen.

Zubereitung: Seezungenfilets waschen, trockentupfen und in heißem Wasser bei 80 Grad ca. 10 Min. gar pochieren. Dann herausnehmen und in eine flache Form legen. Mit warmem Weißwein übergießen, Senfkörner, Lorbeer zugeben und über Nacht marinieren. Für das Dressing Schalotte schälen und fein hacken. Chilischote längs halbieren und entkernen. Mit den Zesten fein hacken. Mit Zitronensaft und Olivenöl vermengen. Zucchini waschen und klein würfeln. Tomaten waschen, vierteln, entkernen und ebenfalls würfeln. Zwiebel schälen, würfeln. Knoblauch schälen und sehr fein hacken. Zwiebeln und Knoblauch in heißem Öl anschwitzen. Zucchini zugeben und ca. 2 Min. anschwitzen. Dann vom Herd nehmen und Tomaten sowie Dill untermengen. Lauwarm abkühlen lassen, mit Salz und Pfeffer abschmecken. Spinat und Frisée waschen, putzen und Frisée klein zupfen. Spinatblätter auf Tellern in der Mitte blütenförmig anrichten. Vier Blätter zurückbehalten. Einen Ring daraufsetzen und das Gemüse einfüllen. Etwas andrücken und den Ring wieder abziehen. Darauf Frisée und je ein Fischfilet setzen, ein Spinatblatt darauflegen und darauf je 1 TL Crème fraîche mit etwas Kaviar setzen. Dressing drumherum träufeln, mit Dillspitzen garniert servieren.

FISCHFILET MIT GEMÜSE UND LACHSKAVIAR

Zutaten für 4 Personen: 600 g kleine Kartoffeln, 200 g Zuckererbsen, 2 Karotten, 2 kleine Zucchini, 1 Bund Frühlingszwiebeln, 2 EL Öl, 1 TL Puderzucker, Salz, Pfeffer, 4 Fischfilets (Weißfisch à ca. 200 g), 1 EL Zitronensaft, 200 ml Weißwein, 1 Knoblauchzehe, 200 g Sahne, Salz, Pfeffer, 4 EL Lachskaviar, Petersilie zum Garnieren.

Zubereitung: Den Fisch mit Zitronensaft beträufeln und ziehen lassen. Die Kartoffeln waschen und in reichlich Salzwasser 15 Min. vorkochen. Restliches Gemüse waschen und putzen. Die Zucchini der Länge nach in Scheiben schneiden, die Karotten in Stifte schneiden. Ein Backblech mit Öl einstreichen, salzen und pfeffern. Die Kartoffeln abgießen, halbieren und mit der Schnittfläche nach unten auf das Blech legen, Karottenstifte, Zucchinischeiben, Zuckererbsen und Frühlingszwiebeln dazugeben. Karotten und Frühlingszwiebeln mit etwas Puderzucker bestäuben. Backblech auf mittlerer Schiene in den vorgeheizten Ofen schieben und bei 200 Grad 10–15 Min. fertig garen. In der Zwischenzeit den Wein in einem weiten Topf erhitzen und auf die Hälfte einkochen lassen, Sahne zugeben und die Fischfilets hineinsetzen, bei geringer Hitze ca. 5–8 Min. gar ziehen lassen, mit Salz und Pfeffer würzen. Das Gemüse aus dem Ofen nehmen und alles und mit Kaviar und Petersilie garniert servieren.

CHRISTMAS PUDDING

Zutaten für 6–8 Personen: 100 g gemischte kandierte Früchte, 75 g Datteln, 1 EL Zitronensaft, 2 TL Backpulver, 8 EL weiche Butter, 125 g Zucker, 2 Eier, 2 EL Rum, 125 g Mehl, 1 TL Zimtpulver, Salz, 75 g gehackte Walnüsse, 100 g Rosinen, 50 g Korinthen, geschlagene Sahne zum Garnieren, Butter für die Förmchen, 100 g Butter, 4 cl Brandy.

Zubereitung: Backofen auf 175 Grad vorheizen. Datteln entkernen, mit dem Zitronensaft pürieren. Kandierte Früchte in feine Würfel schneiden. Dattelpüree mit dem Backpulver verrühren. Weiche Butter mit Zucker cremig schlagen, Eier und Rum unterschlagen, Mehl, Zimt und Salz zugeben, gut unterrühren. Dattelmischung, Früchte, Nüsse und Rosinen unterrühren. 6 bis 8 kleine Förmchen (je 150 ml) ausfetten, zu zwei Dritteln mit Teig füllen, Förmchen mit Alufolie verschließen. Ein tiefes Backblech 2–3 cm hoch mit kochendem Wasser füllen, die Förmchen hineinstellen und die Puddings ca. 3 Std. garen. Backofen ausschalten, die Förmchen darin noch 15 Min. ruhen lassen. Inzwischen die Butter schmelzen und mit dem Brandy verquirlen. Pudding aus dem Ofen nehmen, auf Teller stürzen. Jeden Pudding mit Brandybutter tränken und mit einem Sahnetupfer garniert servieren.

155

SILBERGRAU UND SCHWANENWEISS
Ein Mix aus Winterfreuden und Frühlingsgefühlen
in der Kombination von Dunklem, Erdigem mit
Zartem – so wie Schneeglöckchen, die aus kargem
Boden sprießen, und knorrige Schneeballzweige,
die anmutige Blüten in Rosé-Weiß tragen

DER WINTER FLIRTET MIT DEM FRÜHLING

Eine dekorative Schlittschuhpartie

EISPRINZESSINNEN
Nostalgische Schlittschuh-szenen sind der Inbegriff winterlicher Romantik. Beim Anblick der Damen in langen, wollenen Röcken hört man förmlich das durch die Kälte gedämpfte Kratzen der Kufen auf dem gefrorenen See

STIMMUNGSVOLLES PASTELL
Inmitten von Schnee und Eis werden die ersten zarten Avancen an den Frühling gemacht: Tulpen vom Blumenhändler und Schneeballblüten aus dem Garten sind in der Porzellan-Suppenterrine zum fein duftenden Tischschmuck arrangiert

HEISSE SCHOKOLADE
Nach der Schlittschuhpartie auf dem See wird der heiße Kakao in der hohen Tasse mit elegantem Motiv gereicht. Was für ein Gefühl, sich die kalt gewordenen Hände in einem gemütlichen Sessel vor dem Kamin zu wärmen

Anmutige Pirouetten unter grauem Himmel, silbrig glänzende Eisflächen und weiße Schneeflocken, die Bäume in bizarre Skulpturen verwandeln

SCHLITTSCHUH-STILLLEBEN
Ein wunderbarer Schmuck für die eisige Zeit: Die Nachbildung weißer Damenschlittschuhe, feinen Blüten und Kunstschnee mutet an wie eine Szene aus Hans Christian Andersens Märchen „Die Schneekönigin"

Der Winter macht seine Geschenke wie ein brummiger Onkel, dem Sentimentalität nicht ganz geheuer ist. Filigrane Blüten, faszinierende Schneekristalle, selbst der raue, unnachgiebige Boden besitzt eine herbe Schönheit, die – hat man sie einmal schätzen gelernt – Lust auf mehr macht. Mehr Winter – auch im Haus. So beschwört eine Dekoration in Silber- und Weißtönen einen Spaziergang durch den verschneiten Wald, geschliffenes Glas und Kerzenleuchter imitieren die Schönheit von Eiskristallen, und das Flair der fröhlichen Schlittschuhpartie auf dem See lebt mit Requisiten wie einem Paar weißer Damenschlittschuhe oder einem warmen Muff auf.

FOTONACHWEIS
AKG: S. 101 o.
Caroline Arber/Prod.: Gabi Tubbs: S. 42-47
Jürgen Becker: S. 2, S. 62-67, S. 68/69, S. 71 o. rechts, S. 72 mitte, S. 127, S. 134-139
Josef Bieker: S. 30/31, S. 32 o. + mitte (2), S. 33, S. 34, S. 35 mitte (2), S. 100/101, S. 103, S. 104, S. 107 mitte rechts + u. links + u. rechts, Rückumschlag mitte
Biosphoto: S. 140
Elke Borkowski: S. 74-77, S. 78-83, S. 86-91 (www.sarahraven.com), S. 128-133
Ursel Borstell: S. 4/5, S. 7, S. 8-13, S. 48, 56-61, S. 73 mitte rechts, S. 120-124, Rückumschlag links
Bernd Böhm/Prod.: Angelika Dietzmann: S. 126, S. 150-152, S. 153 links, S. 154 o. + u. links
bpk/G.C. Beresford: S. 43 kl. Foto
Christa Brand: Titel, S. 6, S. 36-41, S. 50-55, S. 108/109, S. 110, S. 112, S. 113 o. + mitte rechts+links, S. 113 u. links, Rückumschlag rechts
Solange Brinat: S. 57 kl. Foto
Corbis/Michelle Garrett: S. 144 unten
Flora Press: S. 111, S. 113 u. rechts
Getty Images: S. 144 o., S. 147 u. rechts
Gewiehs: S. 73 o. mitte + mitte links
Susanne Grüters: S. 85, S. 114-119, S. 156-159, S. 160
Modeste Herwig: S. 22-29, S. 49, S. 70, S. 72 o. rechts
Imago: S. 143 o. links
Petra Jarosch: S. 5
Linnea Press: S. 140 kl. Foto, S. 141, S. 142, S. 143 o. rechts
Peter Meier/Prod.: Victoria Ahmadi: S. 84, S. 92-99
Volker Michael: S. 71 o. links + mitte
MSG/Archiv: S. 28 kl. Foto
Museum of Garden History: S. 20 kl. Foto
National Portrait Gallery: S. 14 kl. Foto (2), S. 19 kl. Foto,
Marion Nickig: S. 72 o. links, S. 73 o. links + rechts, S. 73 u. links + rechts, S. 125 (Abb. 10), S. 143 mitte (2) + unten (2)
Paus & Zweil: S. 73 u. mitte
Ulrike Romeis: S. 32 u., S. 35 o. + u., S. 101 u., S. 102, S. 105, S. 106, S. 107 o. + mitte links, S. 125 (Abb.1,2,3,5,6,7,8,9)
Stockfood: Laura Ashmann: S. 155 u. rechts/ Bayside: S. 148 o./Oliver Brachat: S. 154 u. rechts/J. Cazals: S. 146, S. 149 u. rechts/ Eising: S. 145, S. 147 o. rechts + u. links, S. 148 u. rechts, S. 149 o. links+rechts, u. links/ Alena Hrbkova: S. 153 o. rechts, S. 155 o. rechts/Ian Garlick: S. 154 rechts, S. 155 u. links/Johansen: S. 153 u. rechts/Uli Kohl: S. 153 u. links, S. 155 o. links
Friedrich Strauß: S. 148 u. links
Bernd Wähner: S. 14-21
Wildlife/D.Harms: S. 125 (Abb. 4)

ILLUSTRATIONEN:
Sabine Dubb: S. 21, S. 106

AUTORENNACHWEIS:
Sabine A. Balgar: S. 68-73
Heike Behrens: S. 36-41, S. 144-149
Kathrin Foerst: S. 134-139
Susanne Grüters: S. 114-119, S. 156-159
Karin Heimberger-Preisler: S. 150-155
Kathrin Hofmeister: S. 42-47, S. 56-61, S. 86-91, S. 108-113, S. 120-125
Uta Daniela Köhne: S. 22-29, S. 30-35, S. 50-55, S. 62-67
Irene Lehmann: S. 74-77, S. 140-143
Bettina Rehm-Wolters: S. 78-83
Silke Schönfelder: S. 128-133
Tina Schramm: S. 92-99, S. 100-107
Dorothee Waechter: S. 08-13
Bernd Wähner: S. 14-21

160